EU, BRASIL

Juliana Sakae

EU, BRASIL

Ofício das Palavras
literatura a quatro mãos

Produção Editorial: Ofício das Palavras
Preparação: Carolina Moura e May Parreira
Leitura Crítica: Daniel Galera
Leitura Sensível: Poroiwak
Revisão Ortográfica: Tatiana Guedes
Colaboração: Jaqueline Moura
Foto da Autora: Annete Owatari
Capa: Hanna Barczyk
Diagramação: Mariana Fazzeri

Sakae, Juliana.
S158e Eu, Brasil / Juliana Sakae. - São José dos Campos, SP
Ofício das Palavras, 2025
256p.: 16x23cm
Inclui bibliografia
ISBN 978-65-5201-070-4
1. Sakae, Juliana - Biografia. 2 Autobiografia. 3. Etnia. I. Título.
CDD 920
Elaborado por Maurício Amormino Júnior - CRB6/2422

Esta publicação tem apoio do Governo do Estado de São Paulo,
a Secretaria da Cultura, Economia e Indústria Criativas,
o Programa de Ação Cultural - ProAC e o Fomento CULTSP.

PROAC SP
TUDO VIRA CULTSP
Secretaria da Cultura, Economia e Indústria Criativas
SP SÃO PAULO GOVERNO DO ESTADO

Para minha mãe, Letícia, minhas avós, Dorinha e Yae.

Para toda mulher que foi esquecida por seus descendentes.

Para Anna Maria, Josefa e Domingas: vocês pertencem.

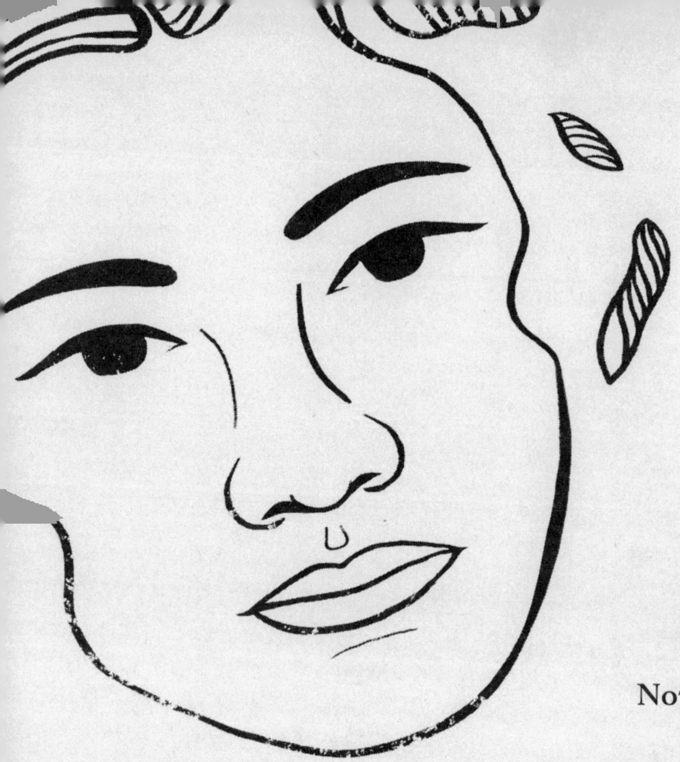

PARTE 2: PAI

PARTE 3: FILHA

INTRODUÇÃO

Ao longo da última década, tive a oportunidade de acompanhar a jornada relatada neste livro enquanto ela se desdobrava. Mesmo vivendo em cidades — e por tempos em continentes — diferentes, minha amizade com Juliana permitiu que acompanhássemos uma à outra ao longo desses anos: enquanto ela vivia a narrativa aqui contada, eu estudava escrita criativa e literatura, com foco em não-ficção e *memoir*. Por isso, me alegra muito receber esta história agora como leitora, reconhecendo como minha amiga transformou eventos de sua vida nesta profunda e importante obra literária.

No presente livro, Juliana traça o caminho no qual emborca após a morte prematura da mãe, que a leva ao interior de Pernambuco, a uma pequena ilha no arquipélago de Açores e até ao Japão do início do século passado. Essa viagem pela história de sua família e ancestrais acaba revelando muito mais do que o passado. *Eu, Brasil* sugere que, não apenas como indivíduos, mas também como nação, temos que olhar para trás para encontrar novos caminhos. Olhar com cuidado, com afeto e atenção. Quem foi esquecido nas histórias que repetimos geração a geração? Quem foi propositalmente apagado? E o que perdemos com este esquecimento? Ao retomar o projeto que a mãe havia começado de traçar a árvore genealógica da família, Juliana descobre histórias que demonstram apagamentos estruturais na história do nosso país — apagamentos que servem justamente para centrar narrativas brancas, masculinas e heteronormativas nos discursos de nação.

Em vez de abordar o tema em um tratado acadêmico, Juliana redige um *memoir* para convidar o leitor a sentir junto com cada passo da narrativa. *Memoir* se caracteriza como um texto autobiográfico no qual o autor enquadra eventos e experiências para refletir em temas maiores. A extrema especificidade da narrativa, focada através do indivíduo, é o que abre as possibilidades de pensar de novas formas sobre questões coletivas e até transcendentais. Como jornalista e cineasta, Juliana tece habilmente sua narrativa pessoal paralelamente a inúmeras entrevistas com familiares, especialistas, pensadoras e generosos estranhos que encontra no percurso — por vezes em um texto repleto de pesquisa e informação, e outras em forma de cenas que remetem à intimidade do cinema documentário.

Que fique claro, porém, que este não é um livro jornalístico. A autora tem sim um sério compromisso ético com os fatos, refletido em sua extensa pesquisa, mas o que proporciona o poder singular do *memoir*, na minha opinião, é o uso da imaginação e fantasia para representar verdades que vão além dos meros fatos. Diferente do jornalismo, que almeja a objetividade, e do documentário, que depende da presença da câmera, a literatura permite alcançar lugares que de outra forma só existiriam em nossas mentes. No caso de *Eu, Brasil*, o resultado é uma narrativa que consegue apontar às raízes mais profundas que formam quem somos, e como nelas podemos encontrar um caminho para a cura das feridas que carregamos.

Carolina Faller Moura

NOTA DA AUTORA

Durante a escrita deste livro, adotei algumas posições linguísticas que, para efeito de clareza, serão listadas a seguir:

Escravidão: escolhi o uso da expressão "pessoa escravizada" em vez do substantivo "escravo" para denotar principalmente, mas não apenas, a impermanência do estado de uma população de ser escravizada, em concordância com estudiosos antirracistas que buscam evitar a redução de um ser humano à condição de objeto imposta pela escravidão.

Tataravós: informalmente, essa palavra é usada tanto para os pais quanto para os avós dos bisavós. Portanto, para efeito de clareza, escolhi usar as palavras nesta ordem: avós, bisavós, trisavós, tetravós, pentavós etc.

Regionalismos: ao publicar citações de entrevistados, é de praxe dos manuais de redação dos principais jornais do país corrigir a conjugação de verbos ou palavras que são pronunciadas de modo diferente daquela encontrada no dicionário. Aqui, optei por manter a oralidade de forma literal, incluindo, por exemplo, o próprio sotaque de Florianópolis, cuja conjugação da terceira pessoa do singular, em algumas regiões, é diferente ("tu foi" em vez de "tu foste", por exemplo). Aos que sentirem alguma estranheza com os diálogos, recomendo a leitura da extraordinária obra de Marcos Bagno, *Preconceito Linguístico.*

Grafias antigas: nas transcrições de documentos antigos, optei por manter as palavras da maneira que as encontrei, sem atualizá-las para a gramática atual que segue o acordo ortográfico. Exemplo: *elle* em vez de "ele", *baptisado* em vez de "batizado", *conjuge* em vez de "cônjuge". Tais palavras, assim como as estrangeiras, estarão grafadas em itálico.

PRÓLOGO

Los Angeles, Califórnia, 2019

Ele me beijou debaixo de uma magnólia. O som abafado da festa vazava por trás do tecido que nos separava do tapete vermelho. Do outro lado do jardim, um teatro imponente refletia a luz da lua que dormia cheia logo acima do portão do estúdio de cinema. Como num filme. Estávamos em Los Angeles celebrando o fim de uma premiação para a qual trabalhávamos. Os holofotes que começavam a ser desligados tornavam possível testemunhar algumas estrelas no céu.

Joshua tinha cinco anos a menos que eu, uma diferença que é um nada e um tudo ao mesmo tempo. Ele estava de smoking azul escuro e me olhou sério durante toda a noite. Não era o olhar a que eu estava acostumada, aquele cheio de brilho que me seguia discreto pelo escritório desde que tinha sido contratado há alguns meses. Era um outro, reflexivo, profundo, talvez porque eu tivesse dito que dali a oito horas iria para Paris, depois ao Brasil, e só voltaria em três meses. Ou talvez fosse meu terno branco de gala com um decote até o estômago. Eu também não sorria; já não suportava fingir que éramos apenas colegas e não estávamos, os dois, apaixonados. Ele só me beijou quando pedi, brincando, mas séria, depois que o assunto acabou e apenas encarávamos um ao outro.

Na volta do Brasil, começamos a namorar. Foi uma daquelas paixões adolescentes que nos acometem depois de adultos. Sentia-me jovem, confiante, bonita. Vivia com um sorriso bobo que, capturado acidentalmente no espelho, me fazia levar depressa as duas mãos ao rosto como se tivesse vergonha de que alguém pudesse perceber minhas bochechas quentes. Quando Joshua me visitava de Cleveland, onde morava, ficávamos grudados dia e noite, passeando pela cidade dos sonhos.

Até que enfim, pensava, posso ter um minuto de felicidade. Até então, sentia-me sobrevivente das perdas, separações e traições que abalaram minha saúde mental, minha fé e até minha vontade de viver. Transtorno do estresse pós-traumático, diagnosticou a terapeuta. Depressão e ansiedade, a psiquiatra.

Uma noite, Joshua me levou à Casa Vega, um restaurante mexicano que fica na famosa Ventura Boulevard e que havia sido, muito recentemente, cenário do filme *Era Uma Vez em Hollywood*. Foi ali, onde Leonardo diCaprio e Brad Pitt contracenaram, que minha alma se despedaçou. A iluminação amarelo-quente suave que lembrava luz de velas, as toalhas avermelhadas e, talvez, o amor que de mim transbordava, estabeleceram erroneamente um mise-en-scène romântico quando o roteiro já previa um final infeliz.

Estávamos de frente para um casal bonito, jovem. Uma parede de tijolos cru emoldurada por um ferro torcido em forma de flores, enfeitada com luzinhas de todas as cores.

— Que cena — falei, emocionada.

Joshua sorriu.

— Me pergunto como eles se conheceram — disse ele.

— Por quê? — perguntei com um pouco de receio.

Sabe quando você sente que a outra pessoa vaga em um pensamento inóspito?

— Ora, olhe para eles.

Voltei meus olhos para o casal e não vi nada. Ele me olhou como se fosse óbvio:

— Ela é latina!

Olhei para o casal, pensativa. O homem era branco.

— É isso que você acha que as pessoas pensam quando nos veem juntos? — perguntei, talvez retoricamente.

— *Of course!*

Meu coração afundou. Eu era uma nipo-brasileira cuja identidade, àquela altura do campeonato, se resumia, quisesse ou não, a "brown immigrant".

— É por isso que você não me apresentou para a sua família quando fui a Cleveland?

Ele me olhou nervoso.

— Bom, tenho medo do que eles possam falar.

— Você teme por mim ou por eles?

Ele não respondeu. Antes de me levar a Ohio, Joshua me avisou que sua família era pró-Trump e que seus amigos teriam dificuldade em me aceitar. "Eles são racistas?", brinquei na época. Ele riu, e passamos a nos referir a tais amigos como "racist friends". Ali, na Casa Vega, aquilo de repente perdeu a graça.

Lembrei da sabatina que sofri dos tais amigos, dos olhares condescendentes de cima a baixo, da sensação amarga de menosprezo, da falta de interesse em quem eu era. Uma amiga brasileira, também imigrante, me disse: "Não estou dizendo que é a mesma coisa, mas quando eu era criança, minha mãe não tinha dinheiro para comprar uniforme. Eu ia para escola com roupas e sapatos velhos e encardidos. Eu conheço esse olhar".

— Você não sabe o que é viver na minha pele — falei para Joshua. — Não sabe como foi andar por Cleveland contigo e ver pessoas me olhando como se algo estivesse errado. O jeito que sua amiga me olhava.

— Você está insinuando que ela foi racista? — perguntou com um tom acima do normal.

Eu nunca o havia visto furioso. Engraçado como certas pessoas acham que é mais doloroso ser chamada de racista do que ser vítima de discriminação. Era a primeira vez que eu compartilhava com ele a minha experiência pelas ruas de Ohio. Ele se levantou da mesa, pagou a conta e caminhou até minha casa em silêncio, cinco passos em frente a mim, ardendo em raiva.

No dia seguinte, terminamos.

Acho que o esquecer do sofrimento é essencial para a sobrevivência da nossa espécie. Imagina se a dor de parir ficasse guardada na memória: eu, por exemplo, segunda filha, não teria vindo ao mundo. Mas existem dores que ficam registradas na gente, como os anéis de um caule de árvore, ou como inscrições rupestres dentro das entranhas, daquelas que a gente descobre depois de navegar nas cavernas da alma. Há quem sustente que traumas modificam a estrutura celular, portanto são fisicamente – e não apenas inconscientemente – transmitidos adiante de geração em geração. Não sei se acredito. Mas se não é isso, não sei ao certo por que a história dos meus antepassados foi acordada em mim.

PARTE 1: MÃE

"Alguém nos fez uma grave injustiça ao sugerir que o luto tem começo, meio e fim distintos. Isso é coisa de ficção, não é a vida real. O sofrimento passa por ciclos, como as estações, como a lua."

Hope Edelman em *Filhas sem mãe*

CAPÍTULO 1: EXÍLIO

Porto Alegre, Rio Grande do Sul, 2013

Eu menti para minha mãe antes dela morrer. Com sua mão magra entre as minhas, os olhos a enxergar minha alma, como se pudesse escavar, como sempre, qualquer lastro de inverdade que saísse de mim. Eu tentava, provavelmente em vão, impedir que meu medo passasse pelo calor das nossas mãos.

— Não se preocupe com a gente. Vamos ficar bem.

Era a mentira da minha vida. Ela me desafiou com o pouco de expressões que era capaz de exercer apesar do sedativo, dos fios, das enfermeiras. Estávamos no topo do Hospital de Clínicas de Porto Alegre, mais perto das nuvens que do chão, na unidade de terapia intensiva.

Alguns dias antes, arrancaram de mim a tranquilidade embutida na palavra remissão. André era o nome dele. É engraçado como eu, que nunca me lembro de nomes e feições, lembro-me de cada detalhe dessa pessoa sentada à minha frente num minúsculo sofá cinza sufocado em uma sala apertada. Ele era bonito. Era, talvez, uns dez anos mais velho, mas me chamava de "guriazinha". Um humano, pensei, sem saber se deveria ficar aliviada ou preocupada. Com um forte sotaque gaúcho, André me perguntou se estava sozinha. Eu só queria saber por que diabos minha mãe tinha sido levada para a porra da UTI. Ele me olhou derrotado, talvez, percebendo que não havia como escolher palavras para amenizar meu sofrimento.

— Choque séptico — pronunciou, cuidadosamente, enquanto explicava o que aquilo significava para uma paciente como minha mãe, imunodeprimida

— Tudo bem, doutor André — falei com a voz embargada —, não precisa explicar. Já *entendi*.

Fazia cinco anos que vivíamos a leucemia. Ele me lançou um olhar compadecido ao ver as lágrimas que escorreram sem consentimento. Compreendi que tinha de ligar para meus irmãos, meus tios e avós.

Antes de dar a fatídica notícia, tentei me recompor. Entrei no banheiro da UTI e naquele espaço minúsculo e estéril tive a reação mais idiota: peguei o telefone para ligar para minha mãe. Eu precisava contar para alguém que minha mãe estava morrendo, e era para ela que queria ligar.

Lembrei que minha amiga de infância era médica e que eu poderia dizer "choque séptico" e "UTI" sem precisar dizer "morte", então foi para ela que liguei. Choramos juntas. Alívio. Força para começar a terrível incumbência de chamar todos para o adeus.

Com uma ligação telefônica, saí demolindo vidas, uma por uma. A notícia saía de mim em soluços. Na terça-feira, estavam todos lá.

Na quarta-feira, uma dúzia de parentes faziam vigília na antessala da UTI. Depois de me desvencilhar de alguns abraços piedosos, caminhei em direção à tia Vera, que já assumia o papel de irmã mais velha desde o diagnóstico.

— Letícia está subitamente melhor!

Ela sorriu tentando me dar esperança ou talvez, secretamente, me pedindo para encarnar algum personagem. Era aniversário da minha irmã e parecia haver um pacto silencioso para adiar o "cair de ficha" para quinta-feira. Senti-me sozinha. Quando a gente mora dentro de um hospital por tanto tempo, sabemos o que as coisas significam. Eu sabia quais os números perigosos de uma frequência cardíaca ou do nível de oxigênio. Quantos leucócitos significavam alta hospitalar ou quantos, preocupação. Sabia quais os tipos de apito da máquina de quimioterapia. Sabia que não havia melhora súbita na leucemia. Que havia a tal chamada *melhora antes da morte*.

Mais tarde, fora do hospital, tentamos celebrar o aniversário da minha irmã. Sorrisos frágeis. Meus avós, soterrados em dor, olhavam para nós, os filhos, compadecidos. Tenho certeza de que foi mútuo. Palavras não eram necessárias. Filhos prestes a perder a mãe, pais prestes a perder a filha. Havia uma cumplicidade que eu jamais havia experimentado.

Quinta-feira. O céu não estava mais claro. Nuvens pesadas invadiam minha tranquilidade. Cheguei ao hospital, passei rápido pelos parentes em vigília até alcançar a tia. O mesmo sorriso.

— O oxigênio dela está ótimo hoje — informou, dando-me um relatório completo.

Eu não sabia brincar de fingir. Ou talvez não tivesse esperança, fé ou seja lá o quê. Algo me faltava, ou talvez nada: talvez eu fosse a única que havia superado a etapa de negação. Por um segundo, enquanto minha tia se esforçava em fornecer informações que pudessem mudar meu ânimo, aceitei aquele papel. Até que ela disse:

— ... entubada.

Meu coração parou.

Minha memória acessou uma temida sala de cirurgia esverdeada, quando eu era a paciente, deitada em uma mesa fria de operação. No meio de um procedimento, sob sedativo, entre um sonho alucinógeno e outro, abri os olhos. Lembro-me do médico gritando:

— Ela está acordada!

Algo que tu não espera testemunhar. Nunca. Ele puxou o tubo de respiração da minha traqueia e, embora parecesse realmente errado, de repente tudo parecia certo.

Quando soube que minha mãe estava entubada, não consegui respirar. Desejei pela primeira vez que tudo acabasse. Olhei para minha tia, que ainda tentava a qualquer custo reacender minha esperança, como se eu fosse o último soldado de pé que precisava lutar. Mas eu não conseguia. Dizem que as mães são capazes de sentir a dor física de seus filhos, mas o cordão umbilical tem dois lados.

— Sabes onde fica a capela? — sussurrou meu tio quando me viu chorar. — Podes me levar lá? — pediu, fingindo realmente precisar de orientação.

Juntos, descemos até o térreo e lá estava, ao abrir das portas, a tal da capela. Era pequena, mas parecia grande, tamanho era o vazio que eu sentia. Sem fé, fechei os olhos e tentei rezar - não por um milagre, porque já havia pedido por isso muitas vezes. Minha mente insistia em perambular por entre pensamentos caóticos:

— O que quero perguntar para Deus? — questionei em silêncio.

Boa pergunta, respondi para mim mesma em pensamento.

— Existe um Deus?

Claro que existe.

— Existe mesmo?

Olha, não tenho certeza, mas caso Ela esteja esperando por você, por favor, pergunte de uma vez.

— Adorei que você disse Ela.

Espero que você saiba que está falando com seu inconsciente.

— O que eu devo fazer?

Olha, Deus não costuma responder literalmente. Tente algo menos concreto.

— Devo pedir por força?

Boa.

— Eu não posso ser mais forte que isso, é ridículo.

Tudo bem, então o que você quer pedir?

— Eu não sei.

Se Ela, Deus, estivesse me ouvindo do outro lado do telefone, certamente teria ficado confusa com meu estúpido conflito interior. Mas não. Acho que Deus é como uma mãe que sabe exatamente o que a gente precisa, mesmo quando nós não sabemos. Sentada na pequena capela ao lado do meu tio, de repente entendi o que precisava fazer.

Voltei ao nono andar, atravessei as baias de outros pacientes críticos, desvencilhei-me dos bipes que formavam um uníssono caótico, passei por enfermeiras e médicos preocupados, até que finalmente cheguei à cama de minha mãe. Ela estava sedada, mas eu sabia que podia me ouvir. Então fiz algo que ninguém deveria fazer, mas, ao mesmo tempo, todo mundo acaba fazendo: dizer à pessoa que você ama que ela pode ir. Disse o quanto a amava e que não precisava se preocupar com minha irmã. Prometi que cuidaria dela e que ficaríamos bem. Mesmo que ainda não soubesse como.

Sexta-feira. Ela estava tão perto da morte que fiquei entorpecida. Por que ela ainda está aqui, pensava. Não entendia. Eu estava sentada em uma poltrona, segurando o prato com uma mão e o garfo com a outra, como se pudesse equilibrar meus pensamentos. Minha família estava reunida em silêncio em um apartamento emprestado para o que parecia uma espécie de última ceia. Aguardávamos. Meu irmão com a esposa dele. Minha irmã e o namorado dela. Minhas tias e maridos. Meu parceiro, ausente, estava em um avião em algum lugar a caminho de Porto Alegre. Uma mordida. Não conseguia respirar. Outra mordida, meu estômago doía.

Lembrei que durante a despedida, mesmo com minha mãe sedada, vislumbrei rugas em sua testa quando uma enfermeira empurrou um dos tubos aos quais ela estava dolorosamente conectada.

— Por favor, aumente o Diazepam — implorei quando vi que eles não haviam seguido a ordem da médica e o desejo da família.

Tínhamos escolhido mantê-la o mais adormecida possível para que não sofresse.

Isso, é claro, tinha um preço: o risco de nunca mais vê-la acordada. A cada respiração, eu sentia sua dor. Lembro-me de um dia que minha mãe ficou chateada com Patrícia, uma mulher que praticamente morava no hospital com sua pequena Manu, outra paciente da ala de transplante de medula óssea. Tudo porque ela dizia "temos leucemia" quando se referia à filha. Pensei que me sentia da mesma maneira - mas como poderia dizer isso, se eu estava tão saudável? Como poderia me sentir assim?

— Juliana — disse meu pai, puxando-me de volta ao presente. — Aqui está o remédio, tome.

Olhei para ele e percebi que não estaria órfã. Tomei comprimidos de prazol para curar o que quer que fosse que eu não conseguia digerir. Embaixo da minha coxa estava meu telefone, que deveria tocar a qualquer momento. Não foi assim que imaginei a morte dela. Pensei que estaria ao lado dela, segurando sua mão, sussurrando para não ter medo. Nunca me passou pela cabeça que ela pudesse morrer dentro de uma UTI, onde os visitantes não podem permanecer, ou ainda que pudesse morrer sedada. Pensei que ela iria me olhar, sorrir e fechar os olhos. Morreria nos meus braços.

Engasgada no absurdo do meu pensamento, engoli a pílula com raiva da minha própria mãe, como se ela tivesse escolhido partir assim.

Eu segurava o telefone com a mesma força com que tentava me recompor. A dor de estômago não passou.

Sábado. Meu pai me acordou às cinco da manhã: meu parceiro chegaria em quarenta minutos e meu telefone ainda não tinha tocado. Ótimo.

Enquanto meu pai dirigia, eu observava do banco do passageiro o amanhecer. Porto Alegre estava fantasmagoricamente vazia, o que me trazia uma certa paz. Era como um sonho, uma realidade paralela onde minha mãe não estava morrendo.

O avião aterrissou, mas esperamos o que parecia ser uma eternidade — imigração, alfândega, bagagem, tanta burocracia entre mim e ele. Meu pai não parava de andar para lá e para cá; ele não suportava me ver segurando aquele telefone.

Eram seis horas da manhã e ainda estávamos esperando. A partir dali, tenho certeza de que cada minuto levou uma hora para passar.

6h59 e nada.

Meu telefone estava imensamente pesado às sete da manhã, horário que meu parceiro finalmente saiu pela porta de desembarque. Finalmente, chorei como deveria: de raiva, de tristeza, de medo. Em seus braços eu era apenas uma filha prestes a perder a mãe. O mundo derretia ao meu redor em angústia, desespero, alívio. Eu tinha dito à minha mãe, tantas vezes, que ficaria bem, mas não tinha me sentido assim até aquele segundo, nos braços dele.

Meu telefone tocou.

Está tudo bem, Juliana, disse a mim mesma. Agora você consegue chorar.

Hora da morte: sete da manhã.

木

O mar de sepulturas do Cemitério São Francisco de Assis, de Florianópolis, aguardava a chegada do caixão, enquanto na capela eu me escondia da realidade que avançava, como se pudesse suspender, ali, o tempo. Um carro comprido se aproximou e os olhares se desviaram para mim, como se aguardassem um momento de desespero. Como explicar que eu sentia alívio por saber que ela agora não sofria? Cochichos. Tudo o que eu queria era ser deixada em paz.

Na antessala, a funcionária arrumava os cabelos de minha mãe com zelo. Ao entrar, fui barrada por minha cunhada, que avisou em tom grave: colocaram um batom rosa cintilante na Letícia. Apesar da aparente frivolidade, tenho certeza de que minha mãe levantaria dos mortos se não trocássemos imediatamente pela cor que a acompanhou por toda a vida, a vermelha. Troquei. Mais cochichos.

Enquanto moviam o corpo para a capela, do outro lado do que começava a se tornar uma aglomeração, estava minha irmã, com seu cigarro e seus amigos, tentando se desvencilhar de um ex-namorado inconveniente.

— Não vou acompanhar o enterro — ela disse.

Balancei a cabeça como que honrando a decisão.

A hora anterior ao enterro parecia sem fim. De tempos em tempos, meus amigos me resgatavam de algum conhecido que buscava em mim algum consolo. Logo de mim.

Velando o corpo estava meu avô, seu José Júlio, ou como eu acreditava ser seu nome quando criança: Vôjúlio. Enquanto uma das mãos agarrava sua inseparável bengala, a outra repousava na madeira gelada do caixote em que minha mãe jazia. Como se estivesse a abençoá-la por horas sem fim. Talvez ele soubesse que, ao terminar a oração, o padre iniciaria a missa de despedida e, consequentemente, o inevitável enterro.

De um lado para o outro andavam minhas tias com suas angústias a tiracolo, tentando, em vão, convencer Vôjúlio a tomar um ar fora da capela.

Cheguei perto. Àquela altura, ele rejeitava qualquer um que insistisse pelo seu descansar.

— O que o vô tá fazendo? — perguntei pianinho, como quem não quer nada.

— Alguém tem que ficar aqui cuidando dela.

Coloquei minha mão sobre a dele e falei, insegura, que ela não estava mais ali. Pigarreei, como que para ganhar forças para contar uma verdade delicada:

— Vô, agora ela tá livre de todo sofrimento.

— Mas ela queria tanto viver, minha filha...

Eu, que havia acompanhado de perto os últimos dias, sabia que isso era verdade e que não era. Vôjúlio, tendo sido poupado do sofrimento de minha mãe, sofria agora com a bruta realidade de sua morte. Sem saber ao certo se eu devia falar o que pensava, se a verdade traria dor ou alívio, decidi confessar:

— Vô, ela tava cansada. Ela sofria e não aguentava mais.

Ele tirou os olhos do caixão pela primeira vez:

— É mesmo, minha filha?

Sorri. Vôjúlio apoiou o corpo pesado na bengala e se levantou.

Chegada a hora, meu irmão, meu pai e tios levantaram o caixão e seguiram em direção à cova, que fica em cima de um pequeno morro de sepulturas. Eu não me lembro de mais nada. Apenas de minha avó, a Vódorinha, e de estar ao seu lado enquanto fechavam grosseiramente a cova com cimento. Ela se mantendo forte para mim, e eu para ela. As duas por dentro esmigalhadas.

木

O dia amanheceu branco no topo do morro mais alto da Grande Florianópolis. Fenômeno raro para uma ilha tropical, a neve cobriu o maciço do Cambirela, que lembrava cordilheiras andinas refletidas na baía azul. As janelas do paredão de prédios da avenida Beira-Mar viraram arquibancada para a cena cinematográfica. As televisões ao fundo ligadas no jornal local. Fotos, burburinho, celebração. Por um segundo, eu e minha irmã esquecemos da sensação que nos acometia. Naquela breve suspensão de tempo, ela então me olhou epifânica.

— Vamos embora — disse sóbria.

Uma vez uma senhora disse que o universo poderia ter poupado minha mãe e enviado eu e minha irmã para a Terra ao mesmo tempo, já que parecíamos gêmeas. Não só as pessoas dizem que somos iguais (não somos), mas temos aquela conexão quase telepática que muitos gêmeos descrevem. Quando minha mãe estava viva, por diversas vezes nós três tentávamos ligar uma para a outra no mesmo segundo, tão precisamente, que uma de nós caía na caixa de mensagem enquanto as outras duas se conectavam. Isso aconteceu dezenas de vezes.

Ela se referia aos Estados Unidos, mais precisamente Los Angeles, onde eu havia acabado de ingressar em um curso de cinema e, enlutada, pensava em desistir.

Eu ainda não sabia, mas o que ela queria – e eu também – era fugir do vazio que Florianópolis havia se tornado. A sensação de solidão era arrebatadora. O que antes era uma coleção de memórias afetivas, se tornou constante evocação da morte. Uma ausência presente a cada esquina. Uma inexistência tão palpável quanto o maciço. Florianópolis era agora um eco de tudo o que já tinha sido. Cada rua carregava um peso insuportável. A cidade não tinha mais chão, não me sustentava. O sentimento de enraizamento a uma terra havia morrido com minha mãe. Aliás, pedaços da minha própria história pareciam ter sido enterrados naquele funeral: o nome da professora do jardim de infância, o primeiro livro que li sozinha, o primeiro tombo.

Exilar-se.

Recomeçar.

CAPÍTULO 2: CASA GRANDE & SENZALA

Florianópolis, Santa Catarina, 2015

O cheiro era de goiaba doce. Ao atravessar a mão entre as grades de ferro para alcançar, por dentro, a tranca sempre emperrada que dava acesso à casa antiga dos meus avós maternos, senti o cheiro de infância. O mesmo cheiro da casa de praia em que eu, irmãos e primos passávamos os verões subindo em árvores, jogando futebol, taco, pega-pega, brincando de teatro, caçando tatuíra, comendo araçá e goiaba vermelha. Lembrei-me até da dor dos joelhos ralados quando caía da bicicleta ao escorregar nas ruas de paralelepípedos cobertas de areia.

A casa na pequena Vila da Caixa Econômica era, provavelmente, a mais antiga. Nos anos em que morei ali, adolescente, sentia vergonha das rachaduras na parede e do cheiro de mofo que aparecia em dias úmidos. Foi preciso morar em outro país, em apartamentos estilo caixa de sapato, para valorizar essas construções populares da década de 1950, com cacos vermelhos na garagem, telhas de cor de tijolo, calhas feitas de canos de PVC, janelas largas com grades esculpidas em desenhos sempre peculiares.

A cuidadora pernambucana, não por acaso a preferida do vô, me recebeu com um abraço:

— Corre, que seu Júlio quer lhe mostrar sua nova descoberta.

Atravessei depressa a sala de estar por entre os sofás das mais variadas cores em direção à janela, onde Vôjúlio me esperava de pé.

— Ele achou um ninho de passarinho, e os ovos acabaram de quebrar.

Meu coração se enterneceu. Vôjúlio já não se comunicava como antes. A doença de Parkinson tinha chegado de forma cruel, como uma visita desavisada, que acompanhava a dor do luto pela minha mãe. Sem conseguir sorrir, ele apontou para a árvore de folhas vermelhas finas que vivia em frente àquela janela desde que me entendia por gente. Escondidos entre os galhos, lá piavam os passarinhos-bebês.

Sorri, comovida. Vôjúlio nunca pareceu tão... não imortal. Tenho vergonha de dizer que foi apenas naquele momento que percebi que ele havia crescido sem mãe. Quer dizer, eu sabia que sua mãe, Josefa, tinha morrido aos vinte e oito anos, mas até então não tinha refletido sobre a orfandade que ele carregava. Eu não sabia absolutamente nada sobre sua dor.

Às vezes, só uma tragédia como a morte pode acordar o ser humano para o fato de que nossos avós não são *apenas* avós.

— Eu não entendo por que tu tá interessada na vida do vô, minha filha — ele insistia, no alto dos seus noventa e três anos, em me chamar de *filha*.

Com um gravador e uma lista de perguntas em mãos, queria ter respondido: "porque eu não estou conseguindo dormir em paz!".

Essa era a verdade. Pensava em como, em apenas duas gerações, a existência de uma mulher fora apagada. Teria minha mãe o mesmo fim? Como eu preservaria a história dela para que meus filhos, ainda não nascidos, soubessem quem ela era? Que ela, por exemplo, amava as rosas brancas e detestava as vermelhas. Que teve o primeiro celular da família, um Motorola pesado que chamávamos de "Tijorola". Que era fã do cantor Wando. Que toda vez que via Caetano Veloso ou Cazuza na televisão, exclamava:

— Ai, querido!

Queria que eles soubessem como era sincera, e que falava sinceridades que às vezes doíam. Às minhas tias caçulas, coitadas, novas mamães, sobravam as verdades sobre como (não) educar seus filhos.

Saberão meus filhos e sobrinhos que sua avó era a pedra angular da família? Que trabalhou em centros de detenção juvenil de alto risco e era amada por cada criança que a conheceu, acumulando quase duas dezenas de afilhados? Que quase morreu de meningite bacteriana, depois lutou contra leucemia, que sobreviveu a dois transplantes de medula óssea, resistiu a um choque séptico e somente no segundo desvaneceu? Vôjúlio dizia:

— A doença passa lá na esquina e a Letícia pega.

Havia tantas coisas que eu queria que meus filhos soubessem sobre minha mãe e, com a mesma intensidade, me entristecia admitir que eu nada sabia sobre as mães dos meus avós. Aquela constatação me fez recordar um lindo trocadilho na língua inglesa, sem tradução exata para o português, que diz: *to write the wrongs*, usando a palavra "escrever" (*to write*) que se assemelha, foneticamente, a "corrigir" (*to right*). Corrigir, e escrever, os erros (*the wrongs*). Eu precisava escrever aquela história.

— Vô, o que o senhor lembra sobre sua mãe?

— Oxe! Nada, minha filha. O Vô era muito pequeno. Tinha três ou quatro anos quando ela morreu.

Ouvi de longe minha tia Isabel chegando: flip-flop-flip-flop. O barulho dos chinelos batendo ao calcanhar era distinto. Com um monte de toalhas úmidas a tiracolo, Isabel passava em direção aos varais quando ouviu nossa conversa.

— Dizem que ela era morena, com cabelos lisos, longos e bem escuros. Como uma mulher indígena — interpôs.

Eu nunca havia ouvido essa descrição.

— Pensando bem, parecida com você — finalizou, como quem não quer nada.

Cresci me sentindo diferente: na escola, no trabalho, nos muitos lugares onde morei no Brasil. Ser nipo-brasileira, independentemente de quantas gerações atrás sua família migrou para cá, é sentir-se, ou ser tratada como, estrangeira. Foi quando me mudei para a Califórnia, estado que abriga um quarto dos imigrantes e 12% da população indígena dos Estados Unidos, que ironicamente deixei de me sentir estrangeira. Mexicanos se dirigiam a mim em espanhol, com a certeza de que compartilhávamos a mesma língua. Parentes de uma amiga filipina cumprimentavam-me em tagalog. No Grand Canyon, fui perguntada pela família nativa-americana que comandava o restaurante local de qual grupo indígena eu fazia parte.

A Califórnia, como costumo dizer, não é os Estados Unidos. Fora dela, vivi as dores de ser minoria. Estranhos me paravam na rua para perguntar sobre minha origem: *what are you?* ou "o que você é?" (sim, dessa forma). A mistura dos olhos puxados com a pele morena parecia ser incomum àqueles que viviam em um país de maioria branca.

Na minha própria família eu era diferente. Para a família do meu pai, descendente de japoneses, eu era brasileira. Para a família da minha mãe, eu era japonesa. A sensação de ser sempre um outro. Quando Isabel a descreveu, ocorreu-me o fato de que talvez, apenas talvez, eu fosse parecida com minha bisavó. Qual seria a história dela? Quem teriam sido seus pais? Onde teria nascido? Como teria morrido? Eu tinha tantas perguntas.

木

Vôjúlio, ou José Júlio da Silva, ou simplesmente seu Zé, nasceu em uma pequena cidade chamada Escada, a 63 quilômetros da capital pernambucana, Recife. Descobri naquela tarde que ele nasceu dentro de um engenho de cana-de-açúcar chamado Noruega, que ilustra, aprendi mais tarde, a capa original do livro *Casa Grande & Senzala*, de Gilberto Freyre. Mostrei a Vôjúlio a pintura que encontrei na internet, feita por Cícero Dias, e perguntei se ele reconhecia o local. Emocionado, ele agarrou o pedaço de papel com cuidado:

— Eita... É isso. É onde nasci.

— Tu morou aqui? — perguntei, apontando para a casa.

— Oxe, essa é a Casa Grande, minha filha! — corrigiu, com carinho. — Era incompreensivelmente ostensiva — disse, balançando a cabeça em reprovação. — Veja, havia duas dúzias de quartos no andar de cima para a família e visitantes importantes, geralmente da cidade. Os espaços onde os funcionários podiam circular ficavam aqui no térreo, com salas, cozinha e refeitórios.

Ele então apontou para a pequena construção abaixo da Casa Grande e disse:

— Este é o *verdadeiro* engenho onde nasci.

Vôjúlio avisou que não se lembrava de quase nada e que sua cabeça "só pelo esforço, já estava a apitar". Um gole d'água depois, a sede de contar a história encheu seus olhos. Vôjúlio me explicou, em detalhes, como funcionava o engenho, que era uma grande fábrica de açúcar. Descreveu as moendas, lembrou que eram, inicialmente, feitas de madeira até serem substituídas por moendas de ferro inglesas, com engrenagens que permitiam que a cana-de-açúcar fosse, de fato, moída em grande quantidade.

Vôjúlio fechou os olhos e prosseguiu, como se enxergasse as cenas que, pelos meus cálculos, ele havia vivido em meados da década de 1930:

— O caldo da cana passava por uma peneira. Não sei se de pano ou de taquara. E caía dentro de um tanque que era baldeado com vasilhas toscas de madeira ou latas de querosene. Naquela época, não tinha balde, não. O caldo ia então para um tacho enorme, redondo, do tamanho desta sala, feito de uma liga de cobre com furinhos feitos com tachas e pregos. Aliás, essa estrutura, que era feita de adobe, já estava em cima de um fogão de três, quatro ou cinco bocas. Era um tijolo cru de barro que, quanto mais fogo levasse, mais forte ficava. A princípio, usava-se lenha, mas depois da metade pro fim da safra era usado o bagaço da cana. Aí aquele caldo já fervido se transformava em um melado que ia para dentro de umas barricas feitas em forma de "V", produzindo o pão de açúcar que, aliás, se parece mesmo com o Pão de Açúcar, do Rio de Janeiro. A pedra era então tirada do barril para curar o melado. Com uma machadinha, cortavam pedaços de um ou dois quilos, depois em pedaços de duzentos, trezentos gramas. Em seguida, passavam num descascador até que ficassem como a gente conhece o açúcar mascavo. Ele era então colocado em sacas que viajavam de trem até o porto de Recife para serem exportadas para a Europa. Cada engenho produzia quinhentas, seiscentas arrobas.

Para quem não se lembrava de nada, pensei.

Ele se lembrou como se dava a organização dos engenhos, do nome de sua professora de jardim de infância (Margarida), dos instrumentos necessários para produzir açúcar e do valor de cada uma das muitas moedas que o Brasil teve ao longo do século passado. Disse que mil réis eram como um cruzeiro, só que com mais valor. Mil réis compravam um quilo de carne ou um quilo de bacalhau. Também um pequeno ladrilho. Vinte mil réis eram o que o empregado ganhava por semana. Com um milhão de réis, ou um conto de réis, dava para comprar um monte de comida ou um monte de animais. Um terreno custava três ou quatro contos.

De propriedades, em um país que ainda engatinhava após a abolição da escravatura, Vôjúlio entendia por infortúnios da vida. Ele me contou que seu avô Chico, meu trisavô, levou três décadas para sair da pobreza. Mas aos cinquenta anos de idade e treze filhos na conta, descobriu que o registro de posse de terras que abrigava sua casa recém-construída era grilado, palavra ainda não inventada na época, mas cuja prática é uma das mais antigas do país. Foi então despejado quando suas terras, que mesmo adquiridas, aparentemente, não eram suas, foram vendidas. Ao perder tudo, Chico lutou contra a depressão e morreu pouco depois.

— De coração partido — salientou Vôjúlio.

O filho de Chico, pai de Vôjúlio, seu Cícero, bem que tentou desafiar o destino. Analfabeto, Cícero se casou com Josefa Maria, a bisavó dos cabelos longos e escuros, e trabalhou para dar aos filhos a oportunidade de estudar. Recém-casados, mudaram-se para o Engenho Mupan, no Cabo de Santo Agostinho, cidade considerada por alguns historiadores como o verdadeiro marco zero do Brasil por ter sido "descoberta" (invadida) pela Espanha em 1492, oito anos antes de Portugal. Parece-me simbólico que essa história tenha ocorrido justamente onde nasceu o que chamamos de Brasil.

Além de trabalhar na fábrica de açúcar, Cícero começou a vender dormentes para trilho de trem como uma forma de complementar a renda. Acontecia na região um *boom* de construção de novas ferrovias destinadas a transportar grãos do interior para a capital, o que aumentou consideravelmente a demanda por madeira. Foi nesse momento que Cícero viu sua sorte mudar: recebeu um pedido cujo pagamento seria suficiente para sustentar a família por quase um ano.

Um parêntese importante para compreender a história: os chamados engenhos não eram apenas fábricas de produção de açúcar, mas todo o complexo ao redor delas, que incluía um sistema de arrendamento de terras que lembra o feudalismo. O Mupan, por exemplo, era um conjunto de cem pequenas propriedades arrendadas pelo dono da Casa Grande, um senhor chamado seu Andrezinho.

A notícia se espalhou pela vizinhança e chegou aos ouvidos do próprio seu Andrezinho, que *pediu emprestado* parte considerável da quantia recebida. "Seu Andrezinho deu o golpe" - resumiu Vôjúlio. Pois, em seguida, decidiu que quitaria a dívida "empurrando" o pequeno casebre onde ficava a fábrica de açúcar, então em decadência, para Cícero. O custo para a manutenção endividou Cícero, que, de mãos vazias, decidiu abandonar a vida feudal.

木

Era 1934 quando Cícero retornou a Escada, dessa vez para morar na cidade, longe dos engenhos. Abriu um pequeno armazém de secos e molhados, como se dizia antigamente, e com três contos e quatrocentos mil réis comprou uma casa de alvenaria com quatro quartos, sala de jantar, sala de estar e cozinha. Como a água era escassa, mandou fazer um poço artesanal de pedra ("que lhe custou quase mil réis", lembrou Vôjúlio). Pensei na importância de cada um desses elementos para Vôjúlio, que lá atrás era Zezinho, um menino de dez anos. Hoje, com noventa e três anos, lembra-se de cada detalhe de sua antiga casa nova.

Vôjúlio já não tinha de percorrer a longa estrada de paralelepípedos que conduzia à escola de palha. Agora estudava na escola municipal subsidiada pelo governo e trabalhava como balconista na venda do pai. A família continuou crescendo. O pequeno armazém se tornou grande.

— Vendíamos até gasolina — contou Vôjúlio. — Mas pobre não tem sossego, minha filha.

Vôjúlio então contou que Cícero jogava cartas na praça depois do expediente, quando pediu a ele que fosse encher seu isqueiro. O menino, que não tinha mais de doze anos, moveu-se com familiaridade entre os produtos na escuridão até encontrar o barril de gasolina. Já havia feito isso dezenas de vezes.

— Enchi, mas não percebi que não havia fechado a torneira.

Ao testar o isqueiro, acidentalmente provocou uma faísca no combustível, iniciando um grave incêndio. O fogo tomou conta.

— Só me lembro de uma pessoa me puxando para fora — Vôjúlio parecia mergulhado em culpa. — Acabou tudo.

Mais uma vez, Cícero precisava recomeçar.

Enquanto batalhava para reconstruir o armazém, uma ordem de demolição chegou à sua porta. O prefeito dizia que o armazém não tinha licença comercial para funcionar, enquanto Cícero dizia que o prefeito queria uma desculpa para demolir o prédio e construir uma rua.

— Foi aquela confusão! O prefeito dizia que mandaria matar meu pai. Meu pai dizia que mataria o prefeito... imagine!

Sob ameaças, a família precisou deixar a cidade.

— Para quem havia prometido não voltar aos engenhos... lá estávamos nós, de volta ao Mupan.

Foi uma época difícil, conta Vôjúlio. Foram quase quatro anos até a família se reerguer novamente. Por volta de 1940, Cícero arrendava três lotes de uma fábrica chamada Dois Leões, onde montou um comércio que fornecia produtos e roupas para os funcionários da fábrica. Foi quando decidiu enviar o primogênito para estudar na capital.

— Fiquei chateado — confessou Vôjúlio — Queria ajudar meu pai no trabalho.

木

Vôjúlio tinha dezesseis anos quando o pai lhe entregou uma boa quantia em mãos para a viagem a Recife. Ali, naquele pequeno ato, começava a primeira geração da família Silva a sair do analfabetismo.

A partir desse capítulo, eu sabia da história de Vôjúlio. Também sabia que era um assunto delicado. Ao falar a respeito, sua voz embargava. Em Recife, em vez de seguir para a escola, Vôjúlio foi até o porto em busca de trabalho e acabou embarcando em um navio cargueiro que seguia para Porto Alegre.

— Prometi que só voltaria para casa quando tivesse dinheiro. E foi o que fiz.

Foram vinte e um anos até que conseguisse fazer o retorno. Vôjúlio já tinha quatro filhos, uma esposa, diploma, emprego e uma casa para chamar de sua. Para sua tristeza, encontrou a família morando em uma casa com chão de terra, sem energia elétrica nem água, e o pior: com fome.

— Se eu soubesse... — balbuciou. — Eu teria... eu iria. Eu nunca...

Olhei para Vôjúlio com dor no coração e parei de fazer perguntas.

CAPÍTULO 3: RAÍZES DO BRASIL

Escada, Pernambuco, 2017

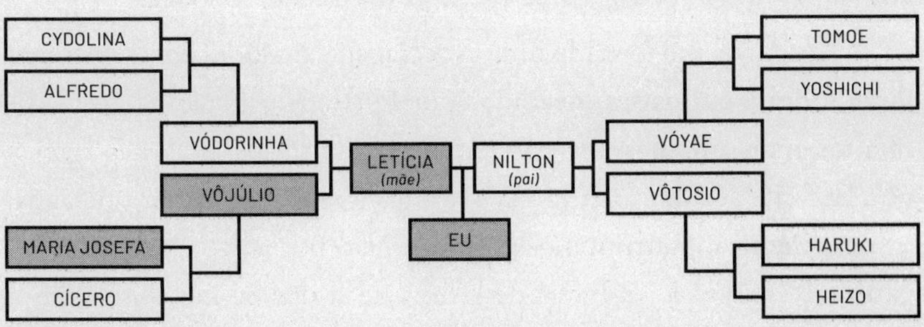

Lembro com carinho dos tempos que morei com Vôjúlio e Vódorinha. Quando o telefone tocava, sabia que era um dos parentes de Pernambuco pelo sotaque gostoso e a introdução sempre autoexplicativa:

— Aqui é Amaro-irmão-de-*Zeinho*.

— Aqui é Marta-Helena-prima-de-*Zezinho*.

— Aqui é Sueli-filha-da-prima-de-*Zezé*.

Lá vinha Vôjúlio do sofá, com olhar feliz e emocionado, chamando quem quer que estivesse do outro lado da linha de "filho" ou "irmão". Canceriano como só, ele derramava lágrimas de saudade a cada lembrança de seu passado.

Quando comecei a escrever a história dele, sabia que teria de ir a Pernambuco. Fazia um ano desde que havia começado a entrevistar Vôjúlio e ainda não sabia nada sobre a mãe dele. Àquela altura, havia exaurido todas as fontes de pesquisa online. Por e-mail, havia coletado documentos em posse de todos os tios, tios-avós e primos. Pelas redes sociais, descobri parentes desconhecidos que também contribuíram com a pesquisa. Eu estava tão obstinada que construí uma árvore genealógica usando *post-its* na porta do armário. Ali, pendurava informações novas de cada antepassado, numa tentativa de acompanhar as pistas espalhadas por dezenas de galhos. Em algumas ramificações, consegui rastrear até doze gerações. Já na de Vôjúlio, não tinha nada além do nome de seus pais. Isso estava me deixando louca.

Eu havia me tornado uma especialista-amadora em genealogia. Aprendi que em países invadidos por Portugal e Espanha, os documentos mais importantes não estão nos cartórios, mas nas igrejas, pois durante séculos foi a Igreja Católica a responsável por oficializar os nascimentos, matrimônios e óbitos. Não por acaso uma outra organização religiosa – a Igreja de Jesus Cristo dos Santos dos Últimos Dias, informalmente conhecida como Igreja Mórmon – está coletando e indexando esses certificados e disponibilizando online.

As certidões de batismo contêm, geralmente, além dos nomes dos pais, os nomes dos avós. Encontrar o registro de um avô nosso, então, é maravilhoso, pois acabamos descobrindo não só os nomes completos de seus pais, nossos bisavós, como às vezes dos avós de nossos avós, que seriam nossos trisavós. Já as certidões de casamento revelam o sobrenome da mulher até então, dado importante que costuma ser esquecido de uma geração para outra e essencial para encontrar sua certidão de batismo, por exemplo. Por fim, as certidões de óbito oferecem registros que não são muito importantes do ponto de vista genealógico, como a causa da morte e a idade, mas a data do falecimento é crucial no cruzamento de informações, quando precisamos ter certeza de que a pessoa em questão é quem estamos procurando. Em países doutrinados pelo catolicismo, existem muitos homônimos, os mais comuns são os nomes bíblicos: José, Maria, João, Pedro, Tiago, João, André, Felipe, Mateus.

O nome da mãe do Vôjúlio, Josefa, que é a versão feminina de José, além de ser um dos nomes mais comuns do início do século passado, vinha combinado com o sobrenome Silva. Portanto, encontrar documentos sobre ela era como encontrar uma agulha no palheiro.

O fato de ela provavelmente ter nascido depois de 1889, quando o registro de pessoas começou a ser feito nos cartórios, se tornou um desafio. A maior parte desses documentos não está disponível online nem digitalizada e indexada, o que significa que o levantamento precisa ser feito de forma manual no local em que a pessoa foi registrada. Os cartórios guardam centenas de livros físicos muitas vezes frágeis, consumidos pelo tempo, com inscrições feitas em caligrafia antiga, uma abaixo da outra, por ordem de chegada.

Sem saber sua data de nascimento ou mesmo em qual tabelionato as certidões de Josefa se encontravam, enviei e-mails para todos os notários de Escada com um pedido nada ambicioso: "você pode olhar todas as certidões de nascimento de 1890 a 1900 e todas as certidões de óbito de 1928 a aproximadamente 1930, de uma pessoa chamada Josefa Maria da Silva? Não sei a data, o nome dos pais ou em que cartório, igreja ou cemitério ela pode ter sido registrada". Claro que nunca recebi resposta.

Não tinha saída. Eu teria de ir a Pernambuco.

木

Todo fim de ano, eu tentava organizar uma visita leve ao Brasil. Gostava de ir a Santa Catarina e ficar à toa, aproveitando a companhia da minha família. Eu amava "não fazer nada" perto deles durante minhas (muito curtas) férias americanas.

Naquele verão, porém, minha obsessão havia tomado conta e lá fui eu, com minha irmã, para a cidade onde Vôjúlio nasceu. Um pouco antes da viagem, minha tia Isabel, que por morar com meus avós tornou-se a detentora da história oral da família, me passou o contato de Marta Helena.

— Marta Helena, prima-de-Zezinho — lembrou minha irmã.

Sempre que ia ao Brasil, carregava comigo uma pasta azul clara de lombada larga, objeto que acabou se tornando quase de estimação. Dentro dela, guardava meus esboços da árvore genealógica, documentos e fotografias raras e antigas que coletei. Precisei recorrer a ela, minha querida pasta, para entender que Marta Helena era filha do tio Neco, ou Manoel Firmino da Silva, o irmão caçula de Josefa, que por sua vez era a mãe biológica de Vôjúlio.

A razão pela qual nunca havia prestado atenção àquele tronco da árvore é que Vôjúlio tinha uma afeição profunda pela madrasta que o criou. Dona Santa foi assim apelidada por ter não apenas dado à luz dez crianças, como adotado os três filhos órfãos de Josefa. Portanto, quem aparecia na árvore genealógica que eu carregava na pasta azul, rascunhada à mão por Vôjúlio, eram dona Santa e seus filhos. Josefa havia morrido cedo demais para ser lembrada pelas gerações seguintes.

Eu, que já não acompanhava os muitos (en)laços de família, desenhei uma árvore genealógica biológica que incluía Josefa, os pais dela, dona Maroca e seu Chico, e alguns poucos irmãos de quem sabíamos o nome. Entre eles, o tio Neco, pai de Marta Helena.

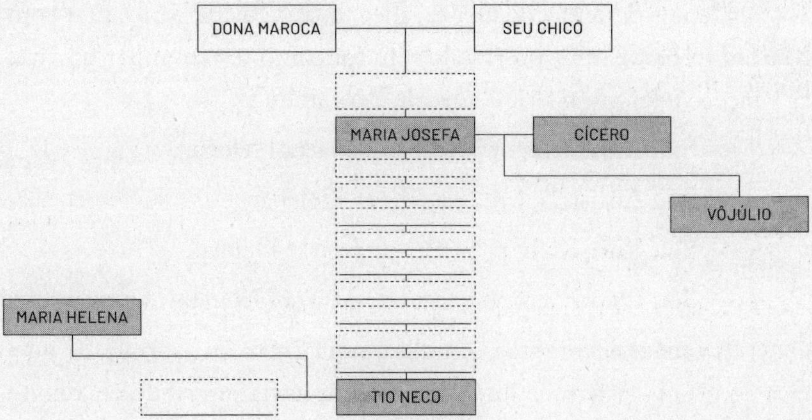

O simples ato de desenhar essa árvore causou grande comoção na família. Algumas tias questionaram minha decisão, fazendo-me refletir sobre o quão significativo era para elas pertencer à família adotiva. Já eu sentia uma angústia ao não ver Josefa na árvore, talvez projetando meu medo de que meus filhos não soubessem da existência da minha falecida mãe. Como se sua existência tivesse se evaporado da história. Foi uma discussão profunda que tive comigo mesma até entender que não precisava escolher entre uma e outra. Precisava apenas incluir os excluídos.

木

Meu primeiro destino foi Olinda, a cidade preferida da minha mãe. Ela costumava cantarolar *Olinda, Oh Linda!* com lágrimas nos olhos quando se lembrava dos muitos carnavais ali vividos. Envergonho-me ao constatar que apenas aos trinta e dois anos decidi ir ao Nordeste. Minha irmã e eu não sabemos dizer o que foi mais emocionante: andar pelas ruas de paralelepípedos, que tinham quinhentos anos de idade, ou realizar o sonho da mãe de que, um dia, conheceríamos nossas raízes.

Depois deste dia de turista, chegamos a Recife para jantar com Marta Helena. Entrar no restaurante foi como testemunhar, ao vivo, as ligações telefônicas originadas de Pernambuco:

— Sou Anne Manoela, filha de Marta Helena.

— Sou Auristela, irmã de Marta Helena.

— Sou Rose Kelly, sobrinha de Marta Helena.

— Sou Ítalo Henrique, filho de Marta Helena.

A cada dois minutos, um filho, genro, neto ou sobrinho se juntava ao grupo. A família inteira de Marta havia reservado essa noite nas agendas, em dia de semana, para conhecer as duas netas do Zezinho, que chegavam do outro lado do país.

Marta trouxe uma sacola lotada de frutas e delícias locais para levar para os parentes do sul, o que me lembrou das vezes que minha mãe viajava para Pernambuco levando goiabas e quitutes da feira embaladas carinhosamente pelo Vôjúlio. Também lembrei da vez que trouxe cupuaçu e pitomba quando voltei do Pará, o cheiro invadindo o avião, e percebi que só podia ter inconscientemente absorvido a tradição de trazer a tal da sacolinha.

Debaixo do braço, Marta carregava uma pasta, também azul. Dentro dela, em meio a fotos e documentos, páginas amareladas guardavam a autobiografia de seu pai. Meus olhos brilharam com o potencial daquele material.

Folheei rapidamente os papéis antigos, cuidadosamente protegidos por envelopes de plástico, enquanto meus olhos buscavam pelo nome "Josefa". Ao mesmo tempo, conversava com meus novos parentes sobre quem eu era, onde morava, o que fazia e o que já tinha descoberto sobre nossos antepassados – uma tarefa incrível para quem, como diz minha irmã, não consegue beber água e caminhar ao mesmo tempo. À minha frente, à mesa, estava Marta Helena, habilidosa como um polvo matriarcal: enquanto pedia um temaki de camarão, abraçava a neta e conversava com genro, acompanhava com atenção o meu folhear de páginas. Entre uma coisa e outra, Marta sussurrou:

— A informação que você deseja está na página nove.

Minha atenção havia se dispersado quando reparei que a memória do tio Neco começava no ano de 1936, quando Josefa já estava provavelmente morta. Marta Helena, porém, reacendeu minha curiosidade. Na página nove, ele escreve:

> Em 28 de Janeiro de 1938 faleceu a minha genitora Maria Francisca da Silva, a qual foi sepultada no dia 29/01/1938, isto é, no dia seguinte, no cemitério de Casa Amarela, em virtude de ter se verificado o óbito no alto do Reservatório do Monteiro, onde residia comigo e sua filha Severina Maria da Silva e netos.

Meus olhos estavam presos na palavra "Maria Francisca". Reli dez vezes. A mãe de Josefa, portanto, minha trisavó, era afinal Maria Francisca? Marta Helena sussurrou em meu ouvido como se adivinhasse meus pensamentos:

— Em todas as cartas que escreveu, Zezinho se referia a ela como Maria *Firmina*. Mas meu pai, que foi seu cuidador durante toda sua última década de vida, a chamava de Maria *Francisca*.

Abri minha pasta azul ao lado da de Marta e escrevi a correção no canto da árvore genealógica que carregava comigo, pensando em como, em poucas gerações, perdemos tanta informação sobre nossos antepassados. Até mesmo o nome.

Enquanto todos terminavam o sushi, devorei a pasta de Marta Helena em busca de outras peças para o meu quebra-cabeça. Estava tão focada em encontrar novas informações que quase não percebi a carta datilografada em 1997 por Vôjúlio, endereçada a Marta Helena. Parecia não ser nada de mais, mas a achei fantástica:

> Futuramente terei o meu *site*. Por enquanto estou meio chucro. Ainda não sou um hacker (um entusiasta de informática); não tenho *hot link* (*endereço* importante), nem tão pouco os *bits, bytes, gigabytes* etc. Nem mesmo acompanho meus netos de 10, 12 anos conversando ou navegando via internet...

Fiquei comovida com a sensibilidade de Marta Helena de ter guardado as cartas que meu avô lhe enviara. Anexado a esta, havia um folheto comemorando a inauguração de uma conhecida loja de departamentos em Santa Catarina, famosa por sua réplica cafona da estátua da liberdade. Mostrei para minha irmã. Rimos juntas.

Enquanto digeríamos – ela, a sobremesa de abacaxi; eu, as cartas –, ela apontou outra passagem importante escrita por Vôjúlio em dezembro de 1999:

> A gente aqui por casa vai indo como Deus quer. A saúde vai dando pro gasto, apesar de escassa. Cada dia na vida do idoso reduz sua capacidade de autoestima. Também o astral da gente cada dia se reduz um pouco. Enfim, cada dia morremos um pouquinho. Também, em tempo de crise falar em autoestima, até parece paradoxo, né não? Agora, no final da vida, resolvi reunir alguma coisa da biografia de nossa família. Creio que pelo menos um pouco disso o pai de vocês lhes tenha passado sobre nossos avós – vô Chico (Francisco) e vó Maroca (Maria Firmina). Nem que seja uma certidão de casamento ou nascimento. A tia Jordinha também deve ter-lhes contado alguma coisa que nos interesse. Quando vocês nasceram, com toda certeza nossos avós haviam falecido muito tempo antes. Vô Chico faleceu antes da década de 1920 e vó Marocas faleceu aí pelo ano de 1940 ou 1941.

Olhei para Marta Helena em busca de uma resposta. Será que

é verdade que toda família tem uma pessoa "escolhida" para a tarefa de desvendar suas origens esquecidas? E que esse interesse é passado adiante, como se fosse essencial para preservar a história daqueles que vieram antes de nós? Ela me devolveu com um sorriso. Bastou. Foi como se soubéssemos, secretamente, mas sem mistério, que isso era verdade. Ali estava meu avô, em 1999, iniciando nossa árvore genealógica cinco anos antes de minha mãe assumir o desafio. Assim como retomei essa busca após a morte dela, Marta Helena também carregava a tarefa de continuar a pesquisa do pai.

— Tens alguma fotografia da minha bisavó Josefa? – perguntei tímida, como uma criança que pede um doce, sabendo que ainda não era hora de ganhar.

Marta Helena balançou a cabeça com as últimas colheradas de sobremesa:

— Tenho não. Ela morreu muito jovem.

— E de Maria Francisca? – insisti.

— Vovó Maroca? Tem não, minha filha.

— Ouvi dizer que Josefa parecia uma mulher indígena – comentei enquanto fechava a pasta.

— Falavam que vovó era *cabocla* – disse Marta Helena, assim como quem não quer nada.

— Cabocla[1] no sentido de filha de indígenas e brancos? – perguntei estupidamente. Em minha defesa, aprendi que, como jornalista, é sempre necessário fazer perguntas redundantes para garantir que não haja erros de comunicação.

---

[1] De acordo com Deborah de Magalhães Lima no artigo *A Construção História do Termo Caboclo*, existem pelo menos duas etimologias diferentes para a palavra caboclo. Costa Pereira (1975, p.12) cita Teodoro da Silva, que afirma que caboclo deriva do tupi caa-boc, que quer dizer "o que vem da floresta". Parker (1985a: xix) sugere outra etimologia, encontrada no Dicionário de Aurélio B. Ferreira (Ferreira, 1971), sugerindo que o nome vem da palavra tupi *kari'boka*, que significa "filho do homem branco".

Ela sorriu. Reabri a pasta, tirei minha caneta recém-guardada da bolsa e escrevi em negrito ao lado do nome dela: "cabocla". Como se eu fosse esquecer. Precisava de algo concreto durante uma pesquisa tão abstrata. Ver as letras em tinta azul na minha frente ajudou a conter a ansiedade.

— Quais são os nomes dos pais dela? A mãe era uma mulher indígena ou o pai? Provavelmente a mãe... o que você sabe? A qual povo ela pertencia? — perguntei sem respirar.

Marta Helena olhou para mim como se dissesse: "você não acha que, nesta altura do campeonato, eu não teria contado a você se tivesse essa informação?".

Ela me deu a mão e disse:

— Amanhã, quando for a Escada, com certeza vai descobrir algo sobre sua bisavó.

Depois de terminar de copiar todas as datas e nomes da árvore de Marta Helena, que era na verdade a árvore de Josefa, escrevi em letras garrafais: "Árvore genealógica de Josefa Maria da Silva e sua mãe Maria Firmina/Francisca da Silva". Parecia que buscava reforçar, para mim mesma, que, dentre todos os antepassados em minha árvore, apenas duas mulheres importavam naquele momento.

木

Não eram nem seis da manhã quando acordamos com os primeiros raios de sol batendo no canto dos olhos. Propositalmente, minha irmã e eu deixamos abertas as cortinas do hotel, cuja enorme janela emoldurava o encontro do rio Jaboatão com o oceano Atlântico. Que vista! A água do mar claro encontrava pacificamente o rio verde escuro que ficava entre dois bancos de areia. Estávamos no paraíso.

Saímos de Recife logo depois do café da manhã em direção a Escada, cidade onde Vôjúlio tinha nascido 93 anos antes - ou 91, segundo ele mesmo. Ele teria sido registrado incorretamente por seu pai, fato anunciado apenas nos seus aniversários, como que para amenizar a chegada da velhice.

— Não era incomum entre as famílias pobres dizer que seu filho era mais velho do que de fato era para que pudesse ingressar no Exército ou na Marinha antes do tempo. Era uma saída da miséria para muitos meninos — Vôjúlio explicou convincentemente em uma das nossas entrevistas. — Quem me contou foi uma prima, que deu com a língua nos dentes, porque eu não tinha ideia dessa história. Se pensar bem, tenho a idade da sua avó: sou de 1926, não 1924.

Apesar da coerência dos argumentos dele, é importante considerar que odiava envelhecer tanto quanto adorava criar histórias para nos enganar. Por isso, não estava exatamente convencida de que ele era uma boa fonte de informação sobre seu próprio nascimento.

Para piorar, ainda de acordo com Vôjúlio, não era nem gratuito nem obrigatório registrar o nascimento de um bebê, então era comum as crianças nascidas no campo serem levadas ao cartório da cidade já grandes, junto com irmãos, para serem registradas de uma só vez. Pensando no fato de Vôjúlio ter recebido uma certidão de nascimento nessas condições, qual seria a probabilidade de seu pai ter acertado todas as datas de nascimento dos filhos?

木

Chegamos a Escada antes das oito da manhã, e mesmo assim cores e ruídos explodiam ao nosso redor, quebrando todas as imagens que havíamos pintado em nossas mentes de uma vila pacata. Pequenos comerciantes surgiam na beira da rodovia enquanto caminhões, motos e bicicletas disputavam espaço. As casas eram antigas, humildes e coloridas. A mistura de natureza com a agitação de uma pequena cidade em crescimento me fez recordar de uma pequena vila em que estive no sul do Haiti. Era tão diferente da minha realidade, mas tão semelhante ao que Vôjúlio tinha escrito em seus diários:

A cidade de Escada fica na margem esquerda do rio Ipojuca. Nós morávamos na rua Barão de Judiá, logo no começo da rua, a principal da cidade. Ela vai de Lavapés até a Igreja Matriz de Nossa Senhora de Escada. Nessa rua, nas imediações da casa paroquial, ficava o colégio em que estudei. Lembro-me do nome do professor, Manoel, que era um cidadão negro. A rua subia e descia uma ladeira. Nos altos da rua havia uma praça com uma quadra de casas, com lojas e farmácias. Atrás ficava o mercado de carnes, verduras e cereais. Noutra transversal ficava o cemitério municipal. No entorno da rua Lavapés ficava uma fonte, onde os habitantes da redondeza vinham se abastecer. E também o pessoal que vinha dos engenhos próximos com os pés enlameados... por isso a denominação daquela rua, "Lavapés".

Parecia que caminhávamos por entre as palavras de Vôjúlio, subindo e descendo ladeiras lotadas de pequenas lojinhas e farmácias. Seguimos em direção à Igreja Matriz de Nossa Senhora da Escada, que ficava no alto de um morro. A construção portuguesa amarela e branca, com dois campanários, me lembrava a Igreja do Ribeirão da Ilha, em Florianópolis. Perguntei-me quantas delas existiam no Brasil e quantas delas, como essa de Escada, haviam sido construídas por pessoas escravizadas.

木

A probabilidade de não encontrarmos um único documento que provasse a existência de Josefa era grande. Infelizmente, naquele dia, ou nas poucas horas em que estivemos ali, a igreja não abriu as portas. Voltamos todas as nossas esperanças para o cemitério local.

No portão, vimos funcionários uniformizados atrás de um balcão de vidro e celebramos a aparência de uma secretaria organizada.

O complexo tinha duas capelas, duas casas funerárias e um escritório moderno. Eu já conseguia imaginar o atendente digitando o nome completo de Josefa no sistema e me entregando a data de óbito e o endereço da lápide. Ah, que ingenuidade. Logo descobrimos que esse não era o tal do cemitério que procurávamos, o tradicional São Luiz.

— É ali — disse uma funcionária impaciente, apontando para o portão. — Naquela entrada.

Os dois cemitérios ficavam um ao lado do outro, o mar de túmulos se fundindo entre o moderno e o antigo, separados por um muro.

Quatro homens sentavam-se casualmente em frente ao portão, conversando sobre a vida.

— Onde fica a recepção, por favor? — perguntei.

— Ali — disse um dos homens brincando, apontando para outro agente funerário. — Ele é a recepção.

Seu nome era Juarez, responsável por registrar os mortos e saudar os vivos.

— Qual é o túmulo mais antigo que tu tem aqui? — perguntei, sabendo que o local não guardava sepulturas por muito tempo. Há alguns anos, o jornal da cidade publicara fotos de ossos jogados indevidamente a céu aberto na tentativa de abrir espaço para novos túmulos quando o cemitério chegou a um estado de superlotação. Pensei melhor e refiz minha pergunta — Qual o registro de óbito mais antigo?

— Que ano tu tá procurando? — indagou Juarez, provavelmente pensando que eu diria uma data próxima aos tempos atuais.

— Umas décadas atrás... — falei, com vergonha de dizer que procurava o túmulo da minha bisavó, cuja morte teria acontecido quase um século antes.

— Oxe! — respondeu Juarez, rindo da minha audácia. — Não temos registros assim antigos. O teto da recepção caiu. Perdemos tudo.

— Tudo se afogou — disse outro funcionário, aproximando-se, ao ver meu rosto atônito.

Eu já sabia que muitos documentos históricos haviam sido perdidos na grande enchente do rio Ipojuca em 1970 e depois outra vez em 1975. Aliás, toda a história da região e dos povos indígenas que ali viveram tinha desaparecido. Museus, igrejas, cemitérios e bibliotecas perderam séculos de registros numa inundação que chegou a cobrir oitenta por cento da cidade de Recife. Não se tem informação nem mesmo sobre outras tragédias similares, como as de 1824, 1894 e 1924.

— Os registros não podem ter sido levados para outro lugar? — Tentei, em vão.

— Tem registro não, moça... — reafirmou Juarez, no melhor sotaque pernambucano. — *Ele* é a memória do cemitério — apontou Juarez. — Se Pirulito não sabe, não temos.

Um coveiro chamado Pirulito. Dei meu melhor sorriso à memória do cemitério:

— 1931 — falei, enfim, como que desafiando.

— Tem não — disse Pirulito, rindo da minha audácia.

Com pena, Pirulito levantou-se para oferecer um passeio entre os túmulos antigos em busca de alguma pista da minha bisavó. Minha irmã, que odeia profundamente cemitérios desde a morte da mãe, ficou incrédula quando aceitei o convite.

Pirulito nos conduziu pelas vias estreitas, entre sepulturas desbotadas pelo tempo, muitas já sem data ou mesmo nome. Mas a memória do cemitério narrava a quem pertencia cada lápide.

— Só sei das importantes, pois pessoas comuns às vezes não tiveram seus nomes gravados nos túmulos ou nem ao menos um registro.

Talvez eu estivesse sendo teimosa, mas tinha a sensação de estar muito perto do que procurava. Enchi Pirulito de perguntas. Minha meta era fazer o passeio se estender até que encontrasse, miraculosamente, a sepultura de Josefa.

— Tua bisavó morreu antes que o cemitério fosse construído, senhora — disse ele gentilmente, sem intenção de interromper o passeio.

Sorri com educação. No portão do cemitério havia um banner afirmando que a inauguração havia ocorrido em 1934. Mas era um material novo, recém-impresso, a fonte e os gráficos modernos, o que para mim provava que as informações eram questionáveis.

E bem no meio do cemitério, lá estava. Uma pequena capela velha que, segundo Pirulito, era a edificação mais antiga do terreno.

— Pirulito! — gritei — Aqui diz 1904!

A data estava estampada no topo da capela, sobre uma velha placa de barro consumida pelo tempo. Pego de surpresa, o coveiro riu de si mesmo:

— Olha só, mulher!

Passei a percorrer todas as lápides possíveis, em busca de algum sinal de minha bisavó. Minha adrenalina energizou Pirulito e até mesmo minha irmã, que até então caminhava olhando para baixo, aparentemente rezando para se proteger contra aparições.

Até que reparei que passamos pela mesma sepultura três, talvez quatro vezes. Era hora de desistir.

Com a igreja fechada e o cemitério sem registros, teria de apostar toda minha esperança nos cartórios. Eu não tinha a data de falecimento, o nome completo dos pais, talvez nem o nome correto de Josefa. Existia a grande possibilidade de o cartório também ter perdido os documentos na grande enchente, ou que o óbito e nascimento de Josefa tenham sido registrados em outra cidade ou, pior, não tenham sido registrados.

Bom, pensei eu, iludindo-me: talvez este seja o momento do filme em que os roteiristas chamam de *all is lost*, quando tudo parece estar perdido, mas que nada mais é do que o momento que antecede o clímax da história.

木

Em menos de cinco minutos de carro, chegamos ao pequeno cartório de Escada. Meu corpo transbordava de ansiedade. Encontraríamos a certidão de nascimento ou óbito de Josefa? Estaria Vôjúlio registrado aqui? Será que ele e seus irmãos foram, de fato, registrados? Enquanto minha irmã fumava do lado de fora, eu esperava minha vez. Havia muita gente aguardando atendimento e apenas dois funcionários não muito bem-humorados. Iríamos voltar para casa no dia seguinte e não sabia quando teríamos a oportunidade de voltar.

— Posso ajudar? — perguntou-me a senhora mais velha.

— Estou procurando documentos da minha família. Algo de muito, muito, *muito* tempo atrás — disse, enfatizando cada palavra de maneira hiperbólica, na tentativa de fazê-la rir. Ela sorriu sem esconder a impaciência. Mesmo assim, senti que poderia perguntar o que eu queria.

— Tu tem datas? — ela perguntou.

Abri minha querida pasta azul de documentos, como que para mostrar a seriedade da minha pesquisa, e fui folheando, fingindo que tentava encontrar a informação. Enquanto isso, tratava de cativar meu público, pois sabia que o pedido iria muito além do que aquela senhora era paga para fazer.

— Sabe, essa é a nossa primeira vez aqui em Pernambuco. Moro nos Estados Unidos e estou aqui apenas por alguns dias para encontrar o documento de nosso avô. Na verdade, este é o nosso último dia aqui — comentei casualmente enquanto procurava os documentos nos bolsos e na pasta azul. — Qual é o seu nome mesmo?

— Maria do Amparo.

Olhei nos olhos dela.

— Amparo, isso vai mudar a minha vida. Estou escrevendo um livro sobre meus antepassados e *essa é a peça que falta*.

Nada do que falei era inverdade, mas coloquei uma pitada de drama para que ela entendesse o que estava em jogo para mim. Retirei o pedaço de papel que havia preparado no carro durante a viagem até ali.

José Júlio da Silva, data de nascimento: 21/07/1924.
Maria Percília da Silva, data de nascimento: 08/07/1931.
Josefa Maria da Silva, data de óbito: 08/07/1931.

— Este é o meu avô — apontei. — Parece que foi registrado anos depois do nascimento. Maria Percília é sua irmã e, pelo que sabemos, sua mãe, Josefa, morreu no parto.

O olhar de Amparo parecia dizer: "tu quer o impossível, menina".

— O sistema só foi informatizado em 2005. Tu tem sorte que o cartório tá vazio. Teremos que pesquisar livro por livro, registro por registro.

Olhei por cima do ombro e percebi que todos tinham ido embora e não havia ninguém, além de minha irmã e eu, deste lado do balcão. Amparo desapareceu silenciosamente na antessala, e nós nos sentamos, pensando que mais uma vez ficaríamos sem respostas. Mas antes que pudéssemos dizer qualquer coisa, Amparo voltou com um livro gigante nas mãos.

— Achei — disse baixinho, sorrindo.

Minha irmã saltou antes de mim. Cética em relação ao que parecia ser um presente milagroso, fiquei sentada como que para conter as expectativas. Amparo leu:

— José Júlio da Silva, filho de Cícero Baptista, com "P" mudo, da Silva e Josepha, com "PH", Maria da Silva.

— É isso! — comemorou minha irmã.

Me levantei. Olhei para o grande livro de papel envelhecido, com letras densas em bela caligrafia. O registro de nascimento de

Vôjúlio estava narrado em uma página inteira. Ficamos emocionadas: todas as informações dadas por ele aos 93 anos de idade, mesmo que insistisse que sua memória "não é mais a mesma", estavam corretas.

— Tem também Maria Percília e Maria José — acrescentou Amparo, que se contagiou com a nossa emoção. — Todos os irmãos foram registrados no mesmo dia.

— Posso tirar uma foto? — perguntei ingenuamente.

— Infelizmente, não pode... Eu lhe entrego a certidão com todas as informações que estão aqui. Ela sim, tu pode fotografar — disse Amparo, sem tirar os olhos dos livros.

— Quero uma via de todos eles — pedi, sem pensar duas vezes.

Queria tanto registrar aquela página amarelada, que tinha sido escrita à mão diante do bisavô Cícero, que eu não tinha tido a chance de conhecer. Então, fiz algo que, espero, Amparo possa perdoar: peguei meu telefone, abri meu gravador de áudio disfarçadamente e li em voz alta:

> Aos 5 dias do mês de março de 1934, neste cartório do primeiro distrito nessa cidade de Escada, do estado de Pernambuco, compareceu o cidadão Cícero Baptista da Silva, viúvo, agricultor residente do Engenho *Noroega* desse distrito e [ilegível] e perante as testemunhas abaixo nomeadas e assinadas declarou que era casado, sua residência no engenho acima referido. No dia 21 de julho 1924 nasceu a *creança às trez* horas, de cor branca, sexo masculino, que tomou o nome de José Júlio da Silva, filho legítimo dele *declaramente* e de sua esposa Josepha Maria da Silva, falecida, ambos naturais desse estado, casados civilmente neste cartório em 8 de abril de 1922. Tendo o mesmo registrado os seguintes irmãos: Maria José, Maria Percília, Euclides, Maria da Costa e José Moacir, neto paterno de Antônio Francisco da Sil-

> va e Luzia Maria do Espírito Santo e materno de Francisco Firmino da Silva e Maria Firmina da Silva. Dão testemunho Antônio Primitivo da Silva e José Carlos Carlini, ambos casados e residentes na rua João Manoel Pontual da cidade, pois não sabe ler nem escrever, assina Renato Sobrinho da Rocha, solteiro, funcionário público e residente na rua Barão de Escada desta cidade e para constar este termo isento do decreto federal número 19.710 de 18 de fevereiro de 1931.

O registro confirmava que a mãe biológica de Vôjúlio já havia falecido em 1934, e sua mãe adotiva, dona Santa, já estava no terceiro filho. Eu sabia que Maria José e Maria Percília também eram filhas de Josefa, e que Euclides era o primogênito de dona Santa — o primeiro meio-irmão de Vôjúlio. Logo, pensei em voz alta:

— Vamos procurar o óbito de Josefa Maria entre o nascimento de sua última filha, Maria Percília, e o nascimento do primeiro filho de dona Santa, o Euclides!

Amparo comemorou conosco a descoberta de novos caminhos. Minha irmã, que estava sempre fazendo piadas, acrescentou:

— Amparo, se tu encontrar a morte dela depois do nascimento de Euclides, tu vai ser responsável por uma bagunça em nossa família!

A tabeliã voltou para a antessala e retornou, logo depois, com outro livro empoeirado. Começamos pelo ano de 1931, o ano em que Euclides nasceu, e folheamos as páginas de trás para frente, parando em cada uma das muitas Josefas Marias que morreram em Escada. Encontramos dezenove ao todo, a maioria falecida ainda nos primeiros meses de vida. A taxa de mortalidade infantil era alta. Gradualmente íamos perdendo a confiança de que encontraríamos algo sobre minha bisavó.

— Vamos ter de folhear registros em vários livros, pois ele pode ter sido registrado anos depois do nascimento — comentou Amparo enquanto folheava.

Foi nesse momento que ela parou, aproximando seu rosto da página para ter certeza do que lia:

— Achei!

Eu e minha irmã nos abraçamos em comemoração.

> Aos 2 de setembro de 1928, neste cartório do primeiro distrito nesta cidade de Escada, estado de Pernambuco, compareceu José da Silva e declarou que hoje às duas horas faleceu proveniente de infecção *intistinal* no Engenho *Noroega* deste município a mulher Josepha Maria da Silva com 30 anos de idade, casada com Cícero Baptista da Silva, natural deste estado e que irá ser sepultada no cemitério público da cidade. E para constar, lavrei este termo que resigno com Manoel Olímpio de Oliveira a rogo declarante.

Respirei fundo. Eu, minha mãe e minha bisavó, estávamos unidas por problemas nesse órgão tão sensível que, por muitos, é visto como o "segundo cérebro" ou o coração da saúde mental.

CAPÍTULO 4: ESCADARIA DE SANGUE

Los Angeles, Califórnia

O apagamento dos laços indígenas dos meus antepassados foi cruel e bem-sucedido. Nenhuma prova sobrou para contar história.

Dos meus quatro avós biológicos, Vôjúlio era o que me parecia mais propício a ter tido ancestrais pertencentes a povos indígenas. O fato de sua avó materna ser chamada de "cabocla" podia ser um vestígio da ascendência que sobreviveu ao tempo pela história oral, mas também um erro, ou melhor, uma simplificação que apontava a complexa tarefa de definir etnicidade no Brasil.

A cidade de Escada, onde Vôjúlio nasceu, passou a ser chamada assim depois que os catequistas Oratorianos decidiram construir uma capela, provavelmente com mão-de-obra escravizada, em cima de um morro acessado por uma escadaria. Esse foi o início do fim das comunidades indígenas que ali moravam: os Potiguaras, Tabajaras e Marikitos.

Conta o historiador e professor Edson Silva, autor do artigo *Aldeia de Escada: Esbulhos de terras e resistência indígena em Pernambuco no século XIX*, que a região era considerada "a mais rica da Província de Pernambuco, em virtude da reconhecida fertilidade do solo, em uma região com matas virgens e irrigadas por rios e numerosos riachos". Por este motivo, senhores de engenhos passaram a invadir a região para plantar cana-de-açúcar e, com ajuda de um sistema de cartórios e do poder político vigente, conquistaram direitos a terras antes consideradas indígenas.

Por não saberem ler e escrever a língua do colonizador, pessoas indígenas não tinham acesso aos cartórios. Os papéis oficiais registravam propriedade àqueles que faziam parte de um sistema de poder ao qual nem indígenas e negros, escravizados ou alforriados, pertenciam.

Uma história tão antiga quanto tragicamente contemporânea. Conta Silva:

> Em Escada, a oligarquia açucareira era formada por "um grupo de oito famílias inter-relacionadas". Os senhores de engenho dominavam a política local, eram eleitos vereadores, ocupavam os cargos de Delegado de Polícia e no Judiciário, os postos da Guarda Nacional, o que significava uma força de controle social e, além disso, influenciavam a política provincial como deputados, tendo sido alguns contemplados pelo Governo Imperial com títulos de Barão e Visconde.

— Cartório é uma fábrica de escrituras falsas — disse Silva pontualmente quando conversamos por vídeo.

Contei a ele que o pai de Vôjúlio, Cícero, analfabeto, foi esbulhado de suas terras. Que segundo Vôjulio, seu avô materno, o que foi casado com a Maria Francisca, a "cabocla", "foi assassinado em uma briga por terras".

Não tem como não pensar que a família de Vôjúlio era mais provavelmente a parte fraca da equação. Talvez seja uma triste indicação de que essa linhagem era indígena.

Em um certo momento, os invasores senhores de engenho

conseguiram mudar o status de Escada de aldeia para vila, deixando a população indígena à sorte. Isso também ocorreu em outras aldeias da região como Baixa Verde (hoje Triunfo), São Miguel de Barreiros, Riacho do Mato, Ipanema (hoje Águas Belas) e Tacaratu. Sem terra, os ex-moradores foram para as margens da cidade trabalhar nos canaviais. Segundo Silva, seus descendentes são integrantes do Movimento Sem Terra (MST) que hoje ocupam alguns desses engenhos construídos em terras indígenas esbulhadas. "É a luta por um lugar que garanta o refazer da vida e da história", escreve Silva.

木

O céu pode cair e são os povos indígenas que o seguram. Quando li essa ideia no livro *A Queda do Céu* de Davi Kopenawa e Bruce Albert, perdi o fôlego. É uma metáfora? É literal? O que isso significa? Acho que, como muitos leitores, devorei a obra com um gosto amargo de crise existencial. As vozes da floresta, agora em peles de papel[2], foram mudando o meu jeito de pensar o mundo. É uma visão poética de ver a vida que, para os Yanomami, não é nada poética. Apenas é. Não há quem não saia transformado, ou não questione como foi que chegamos até aqui, pensando e agindo de uma maneira tão destrutiva e autocentrada.

> A floresta está viva. Só vai morrer se os brancos insistirem em destruí-la. Se conseguirem, os rios vão desaparecer debaixo da terra, o chão vai se desfazer, as árvores vão murchar e as pedras vão rachar no calor. A terra ressecada ficará vazia e silenciosa. Os espíritos *xapiri*[3],

---

[2] De acordo com *A Queda do Céu*: "Os Yanomami chamam as páginas escritas e, de modo mais geral, os documentos impressos contendo ilustrações (revistas, livros, jornais) de utupa siki ('peles de imagens'). Para o papel, utilizam a expressão papeo siki, 'peles de papel'." (2015, p 610).

[3] De acordo com Davi Kopenawa em *A Queda do Céu*: "Você ficou do meu lado e, mais tarde, quis conhecer os dizeres dos xapiri, que na sua língua vocês chamam de espíritos." (2015, p 63).

que descem das montanhas para brincar na floresta em seus espelhos, fugirão para muito longe. Seus pais, os xamãs, não poderão mais chamá-los e fazê-los dançar para nos proteger. Não serão capazes de espantar as fumaças de epidemia que nos devoram. Não conseguirão mais conter os seres maléficos, que transformarão a floresta num caos. Então morreremos, um atrás do outro, tanto os brancos quanto nós. Todos os xamãs vão acabar morrendo. Quando não houver mais nenhum deles vivo para sustentar o céu, ele vai desabar.

Davi observava os vasos de plantas quando o conheci no terraço do hotel em que estávamos hospedados. Ele havia aterrissado há pouco, acompanhado do cineasta Morzaniel Ɨramari, para divulgar o primeiro filme feito por e sobre os Yanomami: o documentário *Mãri Hi – A Árvore do Sonho*. O curta-metragem concorria a um lugar na pré-lista do Oscar. Walter Salles, na época, assim escreveu sobre o filme: "Iramari revela como os povos da floresta sonham o mundo. Falamos muitas vezes de diversidade, mas nem sempre a reconhecemos. *Mãri Hi* é a prova viva de que a diversidade pode se ampliar no cinema. A câmera muda de mãos e é agora empunhada por um diretor Yanomami de um raro talento, que nos oferece um reflexo ao mesmo tempo agudo e singular de seu povo. Espero que a Academia abrace esse filme tão único".

Ganhar a estatueta nunca esteve nos planos de Davi. Afinal, ela é feita do mesmo ouro que destrói sua região. Mas Davi, nascido no coração da aldeia, tem clareza que, no mundo da mercadoria, eventos assim são palco para fazer sua palavra chegar mais longe.

Os vasos, desabafou Davi ao me ver, eram pequenos demais para as raízes daquelas belíssimas suculentas, que infelizmente jaziam murchas. Não é fácil matar um jardim desértico, mas aparentemente aquele hotel conseguia o feito.

— Vocês — disse Davi apontando para mim — estão matando o mundo.

O tom não era de bronca, mas de lição. Como um professor de jardim de infância ensinando a ler. Não havia julgamento, apenas verdade. Consenti. Ao lado dele estavam Morzaniel, o cineasta, Margarida, a produtora, e Marília, a antropóloga. Todos vibrando em uma frequência diferente da minha; do caos angelino. Suas falas eram pausadas, sensatas, afetuosas. Um outro tempo.

À noite, em meio a outdoors iluminados, enquanto esperávamos por um táxi, Davi refletia sobre Los Angeles, cidade com a qual eu tinha uma relação ambígua de amor e ódio. Dela, ganhei oportunidades raras. Mas por ela precisei viver longe da minha família, da minha terra, da minha língua. É um lugar mágico, ao mesmo tempo difícil de habitar. Ela me eleva ao mesmo tempo que me esmaga. Suas luzes atraem os sonhadores, mas também os iludidos. É uma luta diária manter os pés no chão quando tantos ao redor flutuam.

— Tem muita luz nessa cidade. — disse Davi, olhando inebriado para um dos outdoors piscantes. Ele se aproximou como se fosse me contar um segredo bobo — Por isso o povo não dorme. Por isso não sonha.

木

No dia seguinte, depois da exibição do filme, esperávamos na coxia o fotógrafo retratar Davi com seu cocar sagrado de penas azul-marinho. Eu observava a cena, iluminada por dois holofotes, com a sensação de dever cumprido.

Enquanto o fotógrafo trocava as lentes, Davi me chamou num canto e perguntou:

— Qual é seu povo?

De fato, parecíamos parentes. Sorri. Expliquei que era nipo-brasileira, e que minha metade brasileira era miscigenada. Comentei que ele lembrava meu avô pernambucano, mas também meu avô nipo-brasileiro. Ele contou que recebeu uma vez em sua aldeia um homem japonês. Perguntou se eu sabia como era a palavra "letra" em japonês.

— Infelizmente não — disse envergonhada.

— Pois se soubesse japonês e Yanomami, veria que existem muitas palavras parecidas.

Atrás de mim, uma pequena multidão se formou para ouvir Davi. Era sempre assim, mas eu ainda não tinha me acostumado. Ele continuou:

— Quando o céu caiu da outra vez, a terra Yanomami se dividiu em duas — disse sem pressa, entregando cada informação com cuidado. Ele encenava a divisão com as mãos — Um pedaço caiu na floresta, a outra, no Japão — disse, distanciando uma mão da outra — Os japoneses também são Yanomami — finalizou.

Davi me engolfou em um abraço daqueles apertados que parecem parar o tempo. Talvez parem, de fato. Ele sorria, acho que gargalhava. Não me soltou até que me sentisse pronta.

Estava exaurida pela vontade pontiaguda que me infeccionava feito tétano de desistir de tudo, dia sim, dia não, pelas contas que se acumulavam em dólar, pela condição vulnerável e indigna de ser imigrante durante o governo Trump, por ser mulher em uma indústria misógina. Naquele momento, todos os problemas da terra do *napë*[4], do homem branco, se dissiparam. Não tinha lugar para mais nada. Entendi que o "povo da mercadoria", como Davi se refere aos não-in-

---

[4] Trecho do livro *A Queda do Céu*: "O termo yanomami napë, originalmente utilizado para definir a condição relacional e mutável de 'inimigo', passou a ter como referente prototípico os 'Brancos', isto é, os membros (de qualquer cor) daquelas sociedades nacionais que destruíram a autonomia política e a suficiência econômica do povo nativo de referência. O Outro sem mais, o inimigo por excelência e por essência, é o 'Branco'. Outras línguas indígenas do país conheceram deslocamentos análogos, em que palavras designando o 'inimigo' ou 'estrangeiro' — e normalmente especificadas por determinativos distinguindo as diferentes etnias indígenas (ou comunidades da mesma etnia) em posição de hostilidade/alteridade — passaram a ser usadas sem maiores especificações para designar o Branco, que passou assim a ser 'o Inimigo'" (2015, p 12 e 13)

dígenas, era efêmero, passageiro no planeta. O meu sofrimento era um nada. Um absoluto nada. Naquele abraço, senti saudade de um algo que, refletindo hoje, eu nunca havia experimentado. Era uma sensação de querer voltar aos tempos simples, como se eu tivesse vivido com os povos da floresta.

Talvez minha apuração jornalística tenha falhado ao buscar uma prova de minha ancestralidade indígena, ou talvez tenha sido pequena diante do tamanho da força das políticas de apagamento dessas histórias e culturas. É mais difícil um povo lutar quando não sabe de onde vem. Qual a história da avó de Vôjúlio? Biografias apagadas aos milhões. Não apenas no passado; no agora. A cisão da terra Yanomami entre Japão e Amazônia, seja ela simbólica ou literal, dobra em minhas entranhas a realização de que, diferente de mim, Davi voltará para um lugar em que pessoas morrem pela contaminação de mercúrio por causa do garimpo do ouro, crianças e mulheres são sequestradas e violentadas, doenças da cidade varrem de tempos em tempos uma aldeia teoricamente isolada. O céu está, de fato, prestes a cair.

Sem documentos, história escrita ou mesmo oral, resta-nos pedir aos *xapiri* que despertem em nós, povo da mercadoria, as memórias de quem um dia fomos.

CAPÍTULO 5: ENTRE PAPÉIS E BORBOLETAS

Salt Lake City, Utah, 2017

— Uma montanha-cofre de granito — disse meu primo.

— Sim — respondi, tão perplexa quanto ele.

— Uma *fucking* montanha-cofre-mórmon de granito — reforçou ele, como se a repetição fosse capaz de nos convencer do que víamos.

— *Language!*

Eram sete da manhã e estávamos parados de pé no acostamento de uma rodovia, envoltos em neblina, encarando uma massa gigante de pedras albinas. A luz dourada dos raios de sol começava a atingir as bordas pontudas da montanha.

Gustavo e eu tínhamos atravessado de carro um deserto de mil quilômetros, entre Los Angeles e Salt Lake City, em busca de documentos raros que os mórmons haviam arquivado em algum lugar. Gustavo era meu primo de dezessete anos, que morava comigo nos Estados Unidos e que eu havia contratado para me auxiliar nesse delírio genealógico que ousei chamar de pesquisa.

— Como entramos? — ele perguntou.

— Não entramos — respondi, dando de ombros.

Gustavo parecia confuso. Expliquei que iríamos para a biblioteca a alguns minutos dali, onde teríamos, de fato, acesso às informações armazenadas no cofre.

— Eu só queria ter certeza de que a montanha existia. Não é lenda, afinal.

A montanha tinha quatro grandes entradas que eram protegidas pelo que parecia ser o exército americano. Era como uma grande caverna secreta e cinematográfica cheia de segredos. Tudo o que pude pensar foi que diante de mim havia três bilhões e meio de documentos digitalizados em microfilmes, e um deles poderia responder a todas as perguntas sobre meus antepassados. Já Gustavo não parecia sentir a mesma empolgação.

— Podemos ir embora?

Assenti com a cabeça, mas não me movi imediatamente. Eu estava processando o extraordinário mundo de informações que se abria diante de mim. Já tinha ouvido falar que os mórmons eram obcecados por coletar documentos genealógicos, mas isso não descrevia a imensidão do projeto. Eles estavam, de fato, rastreando – e alguns podem dizer: perigosamente – as conexões entre cada pessoa que foi registrada neste planeta.

A Igreja Católica, por exemplo, possui bilhões de certidões de batismo, casamento e óbito. Todos esses documentos são públicos, o que significa que os mórmons podem, tecnicamente, possuir informação sobre qualquer pessoa que tenha sido batizada na Igreja Católica na América Latina – quer dizer, de qualquer descendente de europeus, já que pessoas escravizadas, indígenas ou negras, não podiam ser registradas.

木

A minha mãe tinha um defeito que era, na minha opinião, também sua melhor qualidade: falta de filtro na hora de falar verdades. Por esse motivo, ela era temida e igualmente admirada pela família. Se houvesse um conflito, mandavam chamar a Letícia que ela colocava todo mundo no seu devido lugar.

Vódorinha, a mãe de minha mãe, tinha dezesseis irmãos e metade deles eram brancos, loiros e de olhos azuis. A outra metade tinha pele morena, cabelos pretos crespos e olhos escuros. Na mesma proporção, a família dividia-se politicamente entre direita e esquerda. Minha mãe transitava entre os mundos dissonantes com elegância. Foi ela quem me deu o conto de Tiochico, "D. Cydolina, Minha Mãe", escrito durante uma pesquisa genealógica sobre a mãe de Vódorinha, a quem eu conhecia como Vónerém. Tiochico contava que a família Medeiros veio de Açores, em meados do Século XVIII, para Laguna, Santa Catarina. Seu avô João José de Souza Medeiros havia sido capitão da Guarda Nacional durante a Revolta da Armada em 1893. Escreve Tiochico: "Derrotado, para não ser fuzilado na Fortaleza de Anhatomirim, como dezenas de outros em sua situação, fugiu, numa frágil embarcação, em julho de 1895, para o Rio de Janeiro. Escapou da fúria do lugar-tenente de Floriano Peixoto – Moreira Cesar –, deixando mulher e filhos na terra natal."

Aprendi com a pesquisa de Tiochico que João José, meu trisavô, foi jornalista e farmacêutico, que sua esposa Adélia descendia de educadores, que sua filha, minha bisavó Cydolina, nasceu em Itu, São Paulo. Aprendi sobre um tal de Francisco Córis, corsário espanhol morto "na República Oriental do Uruguai, onde teria deixado enorme fortuna, e protagonizou, certamente, incontáveis aventuras". Em algumas gerações, a palavra corsário virou pirata, a fortuna, tesouro, e assim nasceu a lenda de que existia um baú enterrado em algum lugar do Uruguai que pertencia à família.

Aprendi sobre Vódorinha e, também, sobre mim mesma. Pensei se minhas andanças pelo Uruguai e Espanha teriam sido, inconscientemente, uma busca por algo que me faltava.

Crescendo, ouvi muito Vódorinha falar de "papai", as histórias sempre carregadas de carinho. Bisavôalfredo havia nascido no norte de Santa Catarina, em Joinville – cidade majoritariamente branca, conhecida por ter sido colonizada por alemães. Ele era o caçula de seis.

Sobre as origens da família paterna de Vódorinha, havia muito pouco no conto:

> Alfredo Xavier Vieira, meu Pai, nasceu na localidade de Corveta, que se chamou também Parati e Itinga, então município de Joinville, depois Araquari, em 24 de maio de 1892. Filho caçula, ficou órfão de mãe, ainda na infância. Não conheci meu avô paterno, Francisco Xavier Vieira, de quem herdei o nome. Minha avó Thecla marcou, apesar do pouco convívio, a vida de papai. Claro que este espaço não comporta a genealogia da família, nem me aventuraria a tanto que me faltam maiores subsídios.

Foi minha mãe que disse, ao me entregar o conto, que só sabíamos sobre a família materna de Vódorinha, e nada da família paterna, porque havia segredos. Uma das primeiras tarefas que dei a Gustavo como auxiliar de pesquisa foi descobrir quantas Theclas havia no Brasil e qual a origem do nome. Depois de alguns dias, ele me entregou um pequeno relatório:

> O nome Thecla (variações Thecla ou Thekla) tem sua origem no grego "Θεκλα", formado pelos elementos gregos "θεος" e "κλεος", que juntos resultam no significado do nome: "Glória de Deus".
>
> Não há muitas Theclas conhecidas ao longo da história. O melhor exemplo é Santa Thecla, santa da Igreja Cristã nos seus primórdios e seguidora do apóstolo Paulo. Sua história está escrita nos "Atos de Paulo e Thecla", nos quais ela viajou pregando que as mulheres deveriam viver uma vida de castidade.

Thecla, ou Theclinae, também é uma borboleta. Embora esteja presente em todo o mundo, pode ser encontrada principalmente na América do Sul.

Agora, uma rápida pesquisa no site *FamilySearch* nos mostrou que existem cerca de 170 documentos brasileiros sobre Thecla, entre certidões de batismo, casamento e óbito. O objetivo da pesquisa é encontrar o máximo de informações sobre Thecla de Jesus Vieira, que deu à luz Alfredo Xavier Vieira em 1892. Restringindo a amostra apenas as mulheres que teriam idade para dar à luz naquele ano, encontramos 11 diferentes Theclas. São elas: Thecla (sobrenome desconhecido), nascida no Paraná em 1845; Thecla Hickmann, nascida no Rio Grande do Sul em 1873; Thecla Urban, nascida no Paraná em 1877; Thecla (sobrenome também desconhecido), nasceu em 1878 em São Paulo. Agora, as outras sete mulheres (Thecla Bokenek, Thecla Kroeff, Thecla Pranawski, Thecla Sarot, Thecla Chototka, Thecla Hajduk e Thecla Rutana) nasceram em 1880 e, exceto Kroeff, todas eram paranaenses.

A cidade que teve o maior número de Theclas foi uma cidade chamada Thomaz Coelho (hoje conhecida como Araucária) no estado do Paraná. Cerca de 30% de todas as mulheres que encontrei nasceram lá e a maioria delas foi batizada na mesma igreja, Nossa Senhora dos Remédios. O Paraná acolheu muitos poloneses. Desde o início da imigração polonesa, é o estado brasileiro com o maior número de descendentes.

— Polonesa — afirmou Gustavo ao completar a tarefa — Acho que ela é descendente de poloneses.

O site *FamilySearch* que Gustavo usou na pesquisa era o motivo pelo qual fomos a Salt Lake City. Ela é considerada a maior base de dados genealógica do mundo, com mais de 5 bilhões de imagens disponibilizadas online, e pertence à Igreja de Jesus Cristo dos Santos dos Últimos Dias, informalmente conhecida como Igreja Mórmon. Nela, encontramos a certidão de casamento de Alfredo Xavier Vieira e Vóneném, ou Cydolina de Souza Medeiros, onde constava o nome dos pais de Alfredo e, consequentemente, o sobrenome de Thecla que até então não sabíamos: Maria de Jesus. Em seguida, encontramos um pequeno registro que dizia que Thecla era "filha de Anna". Assim, sem sobrenome, apenas Anna. Esta foi a última informação que Gustavo conseguiu online, mesmo depois de exaustivas semanas de pesquisa. Frustrado, Gustavo me procurou para entender para onde ir.

— "Thecla também é uma borboleta" — lembrei, sorrindo.

— Tu tá me ouvindo? — ele perguntou.

Eu não estava. Minha mente estava em outro lugar.

— Uma borboleta! — pronunciei.

Gustavo se controlou para não revirar os olhos. Ele queria, e eu podia sentir.

— Tu sabe qual é o nome verdadeiro de Anita Garibaldi? — perguntei.

Anita havia nascido em Laguna, muito perto de Florianópolis, e eu era obcecada por sua história. Gustavo estava impaciente, mas continuei. Contei a ele que, quando fui repórter do jornal Diário Catarinense, havia recebido do editor a missão de escrever uma reportagem especial sobre Anita. Fui a Laguna entrevistar alguns historiadores e visitar museus locais e, entre uma entrevista e outra, resolvi dar uma volta pelo centro histórico, tentando sentir como era morar naquele lugar.

Olhei para Gustavo esperando ver meu público entediado, mas agora ele prestava atenção. Lembrei-me de que fui sua babá, ele aos três anos, e agora o via crescido trabalhando comigo nos Estados Unidos. Continuei:

— Se tu não foi à parte histórica de Laguna, deveria. Permanece igual há 150 anos: a igreja, as ruas, a praça e até a fonte onde dizem que Anita conheceu Giuseppe Garibaldi. Muitos não sabem, mas Alexandre Dumas, o autor de *Os Três Mosqueteiros*, foi amigo de Giuseppe e acabou escrevendo suas memórias que, dizem, são altamente romantizadas. E tem um casarão próximo à igreja que é conhecido por ser a casa de Anita, hoje um museu. Mas isso não é verdade. A casa dela era na verdade a algumas quadras dali, hoje esquecida pelo tempo. Era uma casa pequena, modesta, ela era casada com um sapateiro.

— E o que a borboleta tem a ver com história? — perguntou Gustavo.

Pensei que a educação do Gustavo não deveria ter vindo da nossa família, pois se fosse qualquer outro parente, teria usado a expressão "mas o que o cu tem a ver com as calças?"

Continuei. Contei que durante o intervalo de almoço vi uma borboleta e resolvi segui-la, pensando que, talvez, num passe de mágica, me levaria até a verdadeira casa de Anita. Bem, isso não aconteceu, mas a borboleta voou até uma casa de esquina que tinha suas janelas altas abertas; as cortinas balançavam como em um livro de Gabriel García Márquez. Avistei uma mulher usando luvas de látex, folheando cuidadosamente o que pareciam ser documentos antigos. Parei na porta, pedi licença e perguntei do que se tratava. Ela disse que ali estava, temporariamente, o acervo do museu municipal. Mal pude acreditar. Fazia meses que estava em busca da coleção de Wolfgang Ludwig Rau, o maior colecionador de documentos de Anita Garibaldi, que fazia parte justamente do museu municipal que havia sido fechado. Desde então, ninguém soube me informar onde estavam os documentos. E ali estavam.

Gustavo continuava reticente:

— Então, você está dizendo que devemos seguir borboletas.

Peguei o rascunho da árvore genealógica e apontei para a mãe de Thecla.

— Anna Maria de Jesus.

木

A poucos quilômetros da montanha de granito, no centro de Salt Lake City, fica a *FamilySearch Library*, a maior biblioteca genealógica do mundo. Quando entramos, tive de reprimir meu impulso jornalístico de questionar o motivo por trás daquele empreendimento hercúleo. Não falo da construção em si, ou mesmo do cofre sob a montanha. Falo do envio de pesquisadores a todo o mundo, às cidades mais ermas, para coletar, fotografar e indexar bilhões de documentos genealógicos. Naquela manhã de sábado, porém, decidi deixar o cinismo de lado.

No subsolo da biblioteca encontra-se a coleção de registros internacionais organizada em dezenas de estantes que rodeiam o andar. São 550 mil rolos de microfilme e 250 mil microfichas classificados entre Ásia e Pacífico, Europa Oriental e Ocidental, países escandinavos e bálticos, América Central e América do Sul e África. Em um dos cantos, mesas com máquinas jurássicas, daquelas em que a gente consegue ver documentos antigos ampliados em uma tela que lembra um monitor de computador. No vão central, seis filas de computadores com um punhado de especialistas-voluntários.

— Nem sei por onde começar — disse ao senhor que nos abordou perguntando se precisávamos de ajuda.

Naquela altura do campeonato, eu e Gustavo tínhamos esgotado todos os recursos.

Contei para o voluntário um pouco sobre a pesquisa e o que buscava: qualquer documento que me contasse um pouco mais sobre quem Anna e Thecla Maria de Jesus foram. Mostrei para ele o que já havia encontrado na base de dados da biblioteca disponibilizada online.

— Bem, nem todos os documentos aparecem na busca — disse o voluntário. — Na verdade, a maioria dos documentos foi fotografada, digitalizada, e até disponibilizada no site, mas ainda não foi indexada. Ou seja, para o computador, o documento é apenas uma imagem cheia de rabiscos, até o momento em que um voluntário adiciona a transcrição da caligrafia na descrição do arquivo. Só assim ela aparece na busca. Portanto, você tem de literalmente abrir as imagens, uma a uma, até encontrar a informação que busca.

Gustavo e eu prendemos a respiração.

— Quer dizer que, mesmo tendo teoricamente encontrado todos os documentos possíveis no site, ainda existe a possibilidade de vocês terem dezenas de outras? — perguntei.

— Sim — disse o voluntário. — Mas se você está pesquisando registros de mais de um século atrás, deve considerar que muitos deles não sobreviveram ao tempo.

Naquele momento, mantive a esperança, apesar da pequena probabilidade de encontrar alguma coisa. O voluntário, que parecia querer ensinar mais sobre o processo, por certo percebeu minha ansiedade, pois encerrou as explicações e nos guiou aos computadores.

— Imagino que você já tenha adicionado sua árvore genealógica ao nosso banco de dados.

— Ainda não — respondi envergonhada. — Quando conheci vocês, já havia adicionado no site concorrente e fiquei com preguiça de recomeçar.

— O nosso diferencial é que pode anexar a cada pessoa os documentos que encontrou na nossa base de dados, o que ajuda a comprovar qualquer informação que esteja adicionando — argumentou.

Bem, pensei, eu teria de fornecer a outro site todas as informações sobre mais de 500 pessoas pertencentes à família: nomes completos, datas de nascimento, óbito, casamento, divórcio. Pelo visto, privacidade é um privilégio do qual você tem de abrir mão se quiser expandir a pesquisa genealógica.

Gustavo e eu havíamos dirigido por dez horas, atravessado um deserto, subido e descido cânions para estar ali na biblioteca. Achei, então, que era hora de dobrar meu código moral. Que meus parentes me perdoem. Sentamo-nos em duas estações diferentes e começamos a migrar nossa árvore para o sistema deles.

Levamos dois dias para migrar a árvore genealógica, mesclando informações existentes e indexando documentos ao longo do caminho. Éramos uma *millenial* de meados dos anos 1980 e um *gen z* do final dos anos 1990, acreditando que sabíamos perfeitamente como navegar na plataforma. Mas foi um *boomer*, um senhor voluntário de sessenta, talvez setenta e poucos anos, que sentado ao nosso lado nos ensinou a acessar os bancos de dados não indexados.

木

Voltamos para Los Angeles com muito trabalho pela frente. Tínhamos aprendido a navegar pelas pilhas de imagens digitalizadas. O banco de dados era dividido por país, estado, cidade, microrregião, paróquia e, por fim, categorias: batismo, casamento e morte. O trabalho era online, mas parecia manual: abríamos as fotografias dos livros e líamos, página por página, cada registro. Nem sempre a leitura era fácil, pelo contrário: os manuscritos antigos, eventualmente em forma de garrancho, estavam muitas vezes manchados ou mofados.

A pequena Biblioteca Pública de Sherman Oaks se tornou nosso segundo escritório. Gustavo passava as tardes pesquisando o banco de dados e eu me juntava a ele depois do trabalho. Optamos por focar os esforços na busca do registro de Anna, já que sabíamos o local do nascimento de Thecla. Na cidade de Araquari, por sorte, só havia uma paróquia: a Senhor Bom Jesus do Paraty. Os mórmons haviam fotografado dezesseis livros com cem páginas cada, então nosso trabalho era ler cada registro (um a quatro por página) e procurar qualquer relação com Anna ou Thecla. Começamos no dia em que Thecla nasceu e retrocedemos, parando em toda e qualquer Anna.

E nada.

Talvez ela fosse imigrante. Talvez estivesse registrada em outra igreja. Talvez tivesse nascido em uma cidade próxima, ou talvez outro estado. Depois de passarmos alguns dias revisando os livros de batismo, Gustavo decidiu olhar os de casamento.

— Olha o que eu achei! — exclamou o mais alto permitido dentro de uma biblioteca.

Gustavo deslizou seu laptop sobre a mesa e me mostrou uma foto do livro "Certificados de casamento de maio de 1874 a janeiro de 1892".

Dizia:

> Aos *tres* dias do *mez* de novembro do *anno* de mil e oitocentos e oitenta e *tres*, na Matriz d'esta *Freguezia* do Senhor Bom Jesus do Paraty, recebi solenemente em *Matrimonio* Francisco Xavier Vieira, filho de Domingas Maria do Rosario, e de pai *incognito*, com Thecla Maria de Jesus, que foi escrava de José da Rocha Coutinho e filha de Anna escrava do mesmo Rocha, e de pai *incognito*, o *contrahente* nascido e *baptizado* na *Freguezia* de Nossa Senhora da Graça e a *contrahente* nascida e *baptizada* nesta *Freguezia* do Senhor Bom Jesus do Paraty, da qual é *parochiana*.

— Escrava de José da Rocha Coutinho — Gustavo disse alto. — Filha de Anna, escrava do mesmo Rocha.

— "Filha de Anna, escrava do mesmo Rocha." — repeti, para processar a informação. — Essa palavra é realmente "escrava"? — perguntei, tentando ler a caligrafia antiga.

— Acho que sim — disse Gustavo.

— Escrava... — pronunciei, olhando para a certidão. — Por isso não encontramos a certidão de batismo dela.

Por que ela daria à filha um nome polonês? Será que a família Coutinho era polonesa? Será que José é o pai de Thecla? E Francisco também é filho de uma mulher escravizada? Ele também tem um pai incógnito?

Eram tantas perguntas.

木

Antes de seguir em frente, preciso contar uma história sobre os mórmons que hesitei em incluir aqui. O site *FamilySearch* tem duas grandes ferramentas: a base de documentos genealógicos fotografados nos mais diversos acervos públicos do mundo todo e a plataforma para construir a árvore genealógica. Nela, é possível conectar uma árvore com as árvores de outras pessoas e expandir certos galhos. Foi assim que conheci primos de terceiro e quarto grau, até então desconhecidos, que tinham informações novas sobre antepassados em comum. Por ser uma plataforma colaborativa, informações incorretas podem ser inseridas. Por este motivo, essa parte do *FamilySearch* não deve ser usada como fonte primária de informação.

Da minha própria casa em Los Angeles, em uma das muitas madrugadas que passei acordada tentando preencher as lacunas, percebi que ainda não havia explorado os novos cruzamentos de galhos que os voluntários de Salt Lake City me ajudaram a fazer. Sem muito método, passei a explorar as infinitas possibilidades que se abriam desde a família do tetravô de Vódorinha, João Thomas de Oliveira, nascido em 1790 em Laguna, SC, pai de Custódia Fernandes de Oliveira, que por sua vez era mãe de meu trisavô João José de Souza Medeiros, pai de Cydolina – a mãe de Vódorinha.

A cada novo ancestral, dois novos caminhos se formavam: a linhagem paterna ou materna. Sem pensar muito, clicava em um e seguia até não haver mais informações sobre aquele galho genealógico. Então, voltava algumas gerações, escolhia novos caminhos e seguia adiante. Queria saber quem eram os antepassados mais antigos que a base de dados mórmon podia me oferecer.

Em uma dessas tentativas, encontrei o Rei Enrique II de Castilla, da região de Castela e Leão da Espanha. Segui a linhagem paterna de reis espanhóis por oito gerações, até cair na mãe de Rei Alfonso VII de Castilla y León, a rainha Urraca de León, e por sua linhagem de reis de Pamplona cheguei a um duque francês chamado Lupo II Duc des Gasçognes da região francesa próxima à Espanha, Aquitânia.

Como jornalista, não celebrava a descoberta de novos antepassados através desse método, a não ser que houvesse documentos que confirmassem as informações ali inseridas. Conto essa história não para dizer que venho de uma linhagem de reis e rainhas – até porque precisaria me debruçar sobre centenas de documentos genealógicos para provar a teoria -, mas para contar o que veio a seguir.

A esta altura, já estava em reis que teriam nascido nos anos 500 d.C. Passei por Borgonha, na França, aos 400 d.C., cheguei aparentemente ao Império Romano nos anos 300 d.C. com Sunno de Toxandrie, Rei dos Francos Ripuários, e nos anos 200 d.C. já não saberia falar em voz alta o nome do rei em questão: Gennebaud II König der Westgoten, ou Rei dos Visigodos, da região dos Bálcãs.

Foi depois de passar pelo ano de 100 d.C., por Ratherius Magnus, Rei dos Francos Sálios, que a pesquisa fez uma curva inesperada. Ali, na tela do computador, a base de dados da Igreja de Jesus Cristo dos Santos dos Últimos Dias dizia que eu era descendente de Sarah Damaris Ben Youssef, que teria sido filha de ninguém menos que Jesus de Nazaré e Maria Madalena.

Que Vódorinha não me ouça, mas minha alma traumatizada dos tempos de catequese e expatriada do cristianismo rebelou-se contra a base de dados e, ao mesmo tempo, contra todas as religiões do mundo (sim, eu fui um pouco longe demais no meu processo). Em um primeiro momento, questionei se a intenção desse mapeamento genealógico seria uma forma de dizer, ou provar, que somos todos descendentes de Jesus e angariar novos membros. Aqui, poderia entrar em um buraco sem fundo e discutir a teoria polêmica que defende que o fundador da Igreja Mórmon, Joseph Smith, era descendente de Jesus e Maria Madalena. Teoria rejeitada pela própria Igreja Mórmon.

Por fim, acabei por descansar minhas fichas nas inconsistências que existem quando um site é construído pelo público, de maneira colaborativa. Fiz as pazes com a plataforma, afinal ela não tornava menos extraordinário o projeto de digitalização dos milhões de documentos genealógicos.

Com tristeza, voltei à realidade plebeia e removi a conexão entre mim e reis e rainhas italianos.

CAPÍTULO 6: A INVESTIGAÇÃO

Joinville, Santa Catarina, 2018

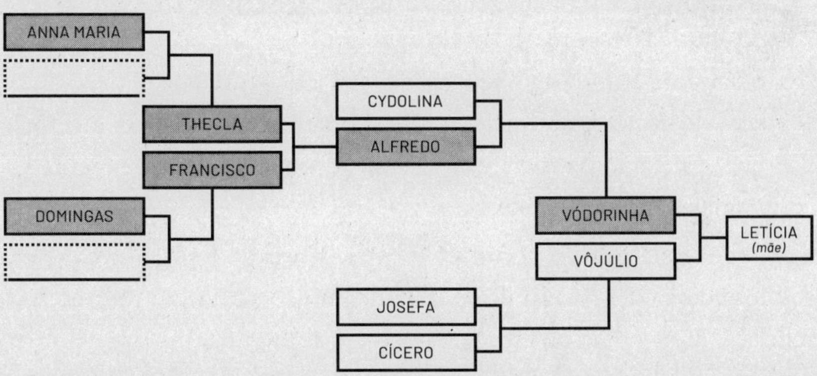

— **Esta cidade foi colonizada por alemães.** Eles eram contra a escravidão, não existiram escravos aqui — afirmou o atendente, me encarando.

Às vezes, o maior obstáculo entre você e seu objetivo é um funcionário que odeia o trabalho dele. Atrás de mim, senti minha prima Ana Luísa se levantar e virar de costas para não responder ao atendente. Ana era uma garota de quinze anos, inteligente, que já vocalizava, sem censura, suas posições políticas. Às vésperas de uma eleição que se tornou histórica, vi sua tentativa de unir nossos parentes liberais e conservadores contra o retorno da extrema-direita. Ana bateu boca com gente grande, optou por ser vegana aos treze e, desde então, estava em constante luta para produzir menos lixo no mundo. Eu amo a Ana.

Estávamos no Arquivo Histórico de Joinville, a duas horas de carro ao norte de Florianópolis, em busca das escrituras de compra e venda de pessoas escravizadas da região. Esse era o terceiro verão que eu usava as férias no Brasil para investigar a história da família. Estava espantada com a dificuldade de falar sobre escravidão em Santa Catarina. Aos poucos, fui mudando a palavra "pesquisa" para "investigação" ao perceber como Anna e Thecla representavam, simbolicamente, o apagamento da história do Brasil.

Dentro da pasta azul encontrava-se não apenas a fotografia da certidão de casamento de Thecla, mas também uma transcrição oficial feita por uma arquivista e especialista em paleografia da Universidade Federal de Santa Catarina. Eu a havia contratado para ter a certeza de que a palavra "escrava" havia sido interpretada corretamente na caligrafia antiga do registro.

— Está aqui na certidão: "Thecla Maria de Jesus, que é *escrava* de José da Rocha Coutinho e filha de Anna, *escrava* do mesmo Rocha" — disse enfática, entregando-lhe a fotografia. — Diz também que ela foi batizada na Freguesia do Senhor Bom Jesus do Paraty, que se tornou Corveta e hoje é Araquari. Os documentos de Araquari estão aqui, certo?

Ele se recusou a pegar a foto.

— Você não vai encontrar nada aqui.

Ana estava agora voltada para a situação, o corpo agitado como uma guarda-costas prestes a atacar o agressor. Minha técnica infalível tinha falhado. Eu sabia que era mais provável conseguir a colaboração de um entrevistado quando ele já estivesse familiarizado com meu rosto. Era importante, primeiro, estabelecer uma conexão. Por isso, pela manhã, havia passado pelo local para nos apresentar e explicar sobre o projeto. O funcionário parecia disposto a ajudar. Porém, quando voltamos à tarde, encontramos uma outra equipe.

— Entendi… — falei educadamente, na tentativa de adiar o encerramento da conversa que parecia iminente.

— Esses documentos devem estar no cartório do centro da cidade. Ou na Paróquia — disse ele.

Já havíamos verificado o acervo da Paróquia e recebido a informação que ali havia apenas certidões de batismo, casamento e óbito. Eu poderia ter mostrado a ele a cópia de um artigo publicado em uma revista universitária local:

> As escrituras de compra e venda de escravos pertenciam ao Cartório Rodrigo Lobo e foram doadas para o acervo do Arquivo Histórico. Trata-se de seis documentos com o brasão do Império Brasileiro discriminando o valor de cada 'peça', com preço médio de 40 mil réis. As folhas timbradas da *Collectoria* Provincial indicavam os nomes dos envolvidos no comércio: em geral, só apareciam na descrição o primeiro nome do escravo, o nome dos 'sinhôs' no topo e, no rodapé, a assinatura do coletor e do escrivão. Em 1887, a coletoria acusava a presença de apenas 96 escravos no município.[5]

Contudo, dei-lhe o benefício da dúvida, até porque não havia outra opção.

Já era quase meio-dia. Sem tempo a perder, Ana e eu chegamos ao Cartório Rodrigo Lobo em dez minutos. O prédio moderno e am-

---

[5] Matéria publicada em 26/10/2009 na Revista Eletrônica Curso de Comunicação Social, Bom Jesus / Ielusc por Ludimila Castro: *Afrodescendência: uma história mal contada em Joinville*.

plo contava com uma dezena de balconistas trabalhando arduamente para atender aos inúmeros clientes que usavam o intervalo do almoço para solucionar problemas burocráticos. Levamos quase uma hora para finalmente encontrar a responsável por documentos históricos. Disse a ela que procurava informações sobre uma mulher escravizada.

— Não temos isso — respondeu ela, seca e rápida demais.

Ocorreu-me que nem mesmo especifiquei o que estava procurando. Queria perguntar o que ela quis dizer com "não temos isso", mas relevei:

— Ela era minha tetravó. Estou tentando descobrir qualquer coisa sobre ela.

A balconista amoleceu e aproximou-se, examinando o documento que provava a existência de Anna no mundo. Continuei:

— Há uma coleção de escrituras de compra e venda de escravos em algum lugar nesta cidade. Uma revista local teve acesso a esses documentos que, naquela altura, estavam aqui. Você poderia, por favor, verificar?

— Então, provavelmente está no Arquivo Histórico… — ela disse. Engoli a impaciência que teimava nascer ao ouvir aquela resposta. Ela continuou — Ou, se você está falando de propriedades, você está no escritório errado. Você precisa se dirigir ao Cartório de Registro de Imóveis. Mas vou procurar — finalizou, para minha surpresa.

Ela se dirigiu aos arquivos internos do cartório. Parecia disposta a ajudar, mas cética de que o escritório tivesse, de fato, tais documentos. De repente, me passou pela cabeça que talvez não houvesse escritura de compra e venda de Anna, pois talvez ela nunca tivesse sido "negociada". Ela podia ter nascido, como Thecla, na família de seu dono e morrido escravizada. Talvez, estivesse perdendo tempo no caminho errado enquanto podia encontrar outros documentos que pudessem ser úteis. A atendente voltou parecendo surpresa.

— Realmente existe uma coleção de escrituras de compra e venda de pessoas que foram escravizadas e comercializadas entre 1859 e 1888 — informou não tão animada. Sua frase seguinte explicaria por quê: — Mas infelizmente não está aqui.

— E onde ela tá? — perguntei sem muita esperança.

— Provavelmente no Arquivo.

木

Quando entramos pela terceira vez no Arquivo Histórico de Joinville, nossa sorte mudou. Fomos recebidos pelo coordenador, um escritor e historiador chamado Dilney Cunha. Ele tinha ouvido a conversa sobre minha investigação mais cedo e saltou para nos dar as boas-vindas. Ele se desculpou e comentou, quase sussurrando, que a escravidão era tabu em Joinville.

— Ei! — disse em voz alta ao funcionário mal-humorado do outro lado da sala. — Deixe que pesquisem nosso banco de dados. Talvez elas encontrem algo.

Ana Luísa e eu trocamos olhares que, tenho certeza, diziam: "não acredito que eles têm uma porra de banco de dados".

Contra sua vontade, o funcionário nos deu acesso a dois computadores antigos perto da janela, um pedaço de papel e um lápis. Dilney explicou que as bases de dados poderiam ser pesquisadas de uma só vez, então digitamos rapidamente cada conjunto de palavras: Anna Maria de Jesus, Thecla Maria de Jesus, Francisco Xavier Vieira, José da Rocha Coutinho, "escritura de compra e venda de escravos", "certidão de propriedade de escravos".

Nada.

Se tais documentos estavam ou não ali, jamais saberei. Achei difícil que uma instituição que trata descendentes de escravizados assim se daria o trabalho de indexar o conteúdo de cada um dos documentos relacionados à escravidão. Senti-me derrotada pela burocracia.

木

Gonzalo era um engenheiro argentino que vivia no interior de São Paulo, um desconhecido que tinha me encontrado nas redes sociais. A primeira vez que ouvi seu portunhol foi em uma mensagem de áudio: ele havia conseguido meu telefone por meio da minha tia-avó, que por sua vez fora indicada a ele por um primo meu de terceiro grau que ele havia encontrado no Facebook.

— Ouvi dizer que você está pesquisando seus antepassados — disse, direto ao ponto. — Queria saber se você tem alguma informação sobre uma pessoa chamada Anna Maria de Jesus, que acredito ser sua tetravó.

Havia outra pessoa pesquisando Anna. Eu tinha muitas perguntas. Ele me contou que era casado com Marcela, descendente direta de Anna Maria de Jesus através de uma linhagem de mães. Uma prima até então desconhecida.

Gonzalo se dizia um ávido colecionador de histórias orais e parecia, assim como eu, obcecado por lacunas genealógicas. Como já havia levantado dezenas de seus antepassados espanhóis (de acordo com ele, "facilmente"), direcionou a energia latente para a árvore da esposa que, segundo ele, "era mais desafiadora".

— Tem outra coisa — disse ele. — Tenho claro que sua família é afrodescendente, mas esse assunto parece ser um tabu por aqui.

Contei a ele que havia descoberto que Anna havia sido uma mulher escravizada, informação que ele já tinha havia cinco anos. Em nossas pesquisas, ambos havíamos encontrado resistência para falar sobre o assunto.

— Acho que alguns parentes meus já sabiam e mantiveram essa informação de mim.

— De propósito? — ele quis saber.

— Não tenho certeza.

— Não duvido. Também passei por isso.

Gonzalo se mostrou mais obstinado que eu. Ele em São Paulo e eu em Los Angeles, unimos esforços para a tarefa lenta e difícil de caçar novos registros sobre uma mulher escravizada em um banco de dados não indexado. Como prova de que Anna existiu, tínhamos apenas a certidão de casamento de sua filha Thecla Maria de Jesus.

Virando páginas escaneadas de livros antigos de Joinville, um por um, e traduzindo caligrafia antiga, lemos todos os registros de batismo, casamento e óbito de Araquari e Joinville entre 1850 e 1900. Foi Gonzalo quem encontrou a certidão de óbito de Anna:

> Anna (parda). Aos vinte e quatro dias do *mez* de abril de mil oitocentos e oitenta e um nesta *Freguezia* de Senhor do Bom Jesus do Paraty *falleceu* da vida presente Anna, parda, com quarenta *annos* de idade, solteira, escrava de José da Rocha Coutinho.

A definição "pardo" ainda é utilizada hoje, mesmo considerada polêmica. O Instituto Brasileiro de Geografia e Estatística (IBGE) usa o termo para se referir a pessoas que são descendentes de brancos e pretos, de brancos e indígenas, ou de pretos e indígenas. A aglomeração de todas essas classificações em uma só palavra, embora tenha sido fundamental para a criação de políticas reparatórias, ainda não dá conta de resolver a questão da composição racial no Brasil.

Será que Anna era preta e o padre a considerou parda? Teria sido removida à força de sua terra e colocada em um navio cargueiro para ser trazida ao Brasil? Se fosse esse o caso, qual seria seu nome verdadeiro?

Refleti sobre todas as questões que vinham à tona com esse pequeno registro. Como a idade que Anna tinha quando morreu, quarenta anos, jovem, o que significava que Thecla havia ficado órfã aos 21, quase a mesma idade que Anna a deu à luz. Uma vida curta, escravizada, sofrida, *pertencida* a alguém.

Enquanto ainda refletia sobre as novas informações, Gonzalo lotava minha caixa de e-mails com novas descobertas:

> Para: Juliana Sakae
>
> Assunto: Certificado de batismo de Thecla filha de Anna
>
> Thecla (parda): Aos onze dias do *mez* de janeiro do *anno* de nascimento de N. S. Jesus Christus de mil oitocentos e sessenta e *dous*. Na matriz deste *Freguezia* do Senhor Bom Jesus de Paraty: *Baptizei solemnemente* e *puz* os Santos *Oleos* a *parventa* Thecla, parda, nascida há quinze dias, filha de Anna, escrava (parda) de José da Rocha Coutinho. *Forão* padrinhos Manoel Baial Arens e Marisbella da Graça Sousa. Do que lavro este termo. Vigario Collado Joaquim Frco Pereira Marçal.

Logo depois, Gonzalo descobriu os nomes dos irmãos de Thecla e suas certidões de batismo: Getrudes Olympia da Rocha (1864) e Jorge José da Rocha (1867). Assim como Thecla, eles nasceram antes da Abolição da Escravatura, de 1888, e da Lei do Ventre Livre, de 1871, que afirma que os filhos de mães escravizadas seriam considerados livres. Mas diferente de Thecla, eles haviam recebido o sobrenome de seu proprietário. Por quê?

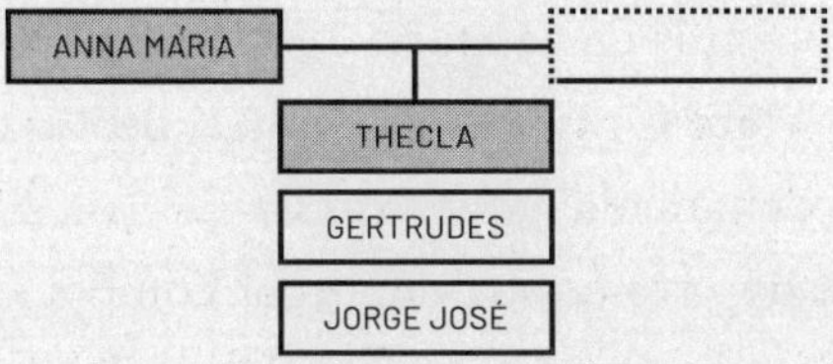

Gonzalo também encontrou a certidão de batismo do marido de Thecla, o Francisco Xavier Vieira, avô de Vódorinha, sobre quem eu pouco sabia. Segundo o documento, Francisco nasceu em São Francisco do Sul, na freguesia de Nossa Senhora da Graça do Rio de São Francisco Xavier do Sul, no norte de Santa Catarina, em 29 de maio de 1857. Sua mãe, Domingas Maria do Rosário, também era uma mulher escravizada, e seu pai, "incógnito".

Eu tinha mais perguntas. Se Thecla nasceu escravizada, como foi autorizada a se casar em 1883? Foi libertada? Nesse caso, como? José da Rocha Coutinho era o pai "incógnito" de Thecla?

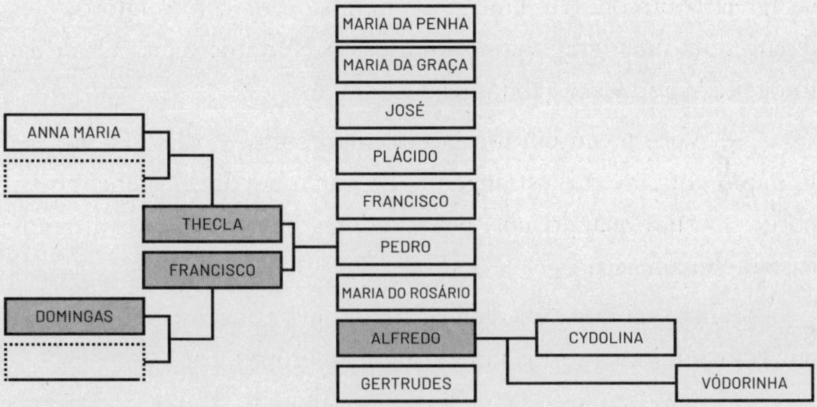

O sobrenome de Domingas (do Rosário), assim como o de Anna (de Jesus), provavelmente não foi herdado dos pais. Sobrenomes relacionados a santos e ao cristianismo, como de Jesus, de Deus, Sacramento, Conceição, Trindade, Espírito Santo, da Graça ou dos Anjos, eram dados às mães que tinham filhos "ilegítimos".

A mulher por trás dessa teoria é Maria Adenir Peraro, professora que mora no Mato Grosso. Eu a conheci depois de encontrar sua tese de doutorado, chamada *Mulheres de Jesus no Universo dos Ilegítimos*. Peraro começou interessada em saber como a Guerra do Paraguai, um capítulo sangrento da história do Brasil, havia transformado a demografia da sua região.

— Minha hipótese inicial era de que a guerra havia causado um aumento do que chamamos de crianças "incógnitas" — disse ela por ligação em vídeo.

O marido de Peraro, historiador e professor da universidade em que lecionava, indexava então certidões de batismo, casamento e óbito do Arquivo da Cúria Metropolitana de Cuiabá. Ele sugeriu que Peraro, como mestre em história demográfica, devesse aproveitar o trabalho já que o acesso aos arquivos das igrejas era difícil em 1994. Contei a Peraro que tinha encontrado a certidão de casamento de minha bisavó graças à biblioteca de Salt Lake City e ao projeto colossal da Igreja Mórmon. Até hoje, fico impressionada com o fato de eles terem ido a uma igrejinha no interior do Norte de Santa Catarina, fotografado e indexado todos os documentos.

— Você tocou em um ponto importante — disse Peraro. — É muito comum que estrangeiros cheguem ao Brasil e encontrem portas abertas, quando nós, pesquisadores brasileiros, encontramos bastante resistência.

Refleti sobre as dificuldades de pesquisar documentos que pertenceram à minha própria família em meu próprio país.

— Não foi por acaso que meu marido teve acesso ao Arquivo — apontou ela. — O sobrenome dele é Canavarros, nome de família muito conhecida em Cuiabá, política e economicamente falando.

Nascidas em famílias cujos sobrenomes não têm muito poder, Peraro e eu sabíamos o que isso significava.

Durante a pesquisa, Peraro reparou que nos certificados de batismo, quando o pai era *incógnito*, os avós do bebê não eram listados. Quase como se a família de um bebê ilegítimo fosse uma mãe e apenas a mãe. Nas certidões nas quais o pai era citado, além de constar os nomes dos avós, a mãe recebia o sobrenome do pai acrescido do prefixo "dona".

— É interessante refletir sobre esse fenômeno. Temos estudos no Brasil que mostram que essa palavra significa distinção social — me conta Peraro com o mesmo brilho que eu possuía quando me perguntavam sobre minha pesquisa. — Vou dar alguns exemplos de minhas descobertas: Canavarros, Pôncio de Arruda, Figueiredo ou Borges. Essas famílias ainda ocupam certa posição social em Cuiabá. Eram mulheres que chamarei de "elite".

Uma outra descoberta redirecionou sua pesquisa: um número alto de mães cujos bebês tinham pais incógnitos possuía sobrenomes relacionados a santos ou ao cristianismo. Como ela escreve na tese: "São nomes sobre os quais certamente se colocava alguma expectativa. Possivelmente alguma crença de benção divina, alguma esperança de mudança de vida ou algo em que valesse a pena acreditar". Muitos desses bebês com pais incógnitos eram filhos de mulheres escravizadas ou indígenas. Consideradas "objetos de desejo sexual dos homens brancos, não eram distinguidas com o casamento. Nem mesmo quando geravam filhos de seus senhores mereciam tratamento diferenciado, pois sua sexualidade não estava a serviço da procriação e da reprodução, tal como as mulheres brancas".

— Por acaso tu encontrou algum padrão entre os sobrenomes? — perguntei esperançosa, em uma tentativa de obter novas pistas sobre minhas ancestrais escravizadas. — Por exemplo, Jesus ou Rosário significam alguma coisa?

— Infelizmente, não. As certidões de batismo contêm apenas o nome do bebê, sem sobrenome, e o da mãe. Não há outra referência. É extremamente difícil saber mais sobre a mãe quando seu sobrenome foi alterado.

木

No Rio de Janeiro, na rua São Clemente, há um casarão rosado de janelas brancas que tocam o chão, com um dos jardins mais belos da cidade. É a casa onde morou o ex-ministro da Fazenda Rui Barbosa. No dia em que resolvi pagar uma visita, as portas estavam fechadas – o que achei, de certa maneira, ironicamente poético.

Caminhei pelos jardins pensando por que um abolicionista como ele teria mandado queimar todos os registros de compra e venda de pessoas escravizadas? Àquela altura, já havia lido *Rui Barbosa e a Queima dos Arquivos*, de Américo Lacombe, Eduardo Silva e Francisco de Assis, publicado pela mesma instituição que preserva aqueles jardins. Assim começa:

> Irreflexão, leviandade ou aleivosia – eis o tríptico da malévola e reiterada acusação a Rui Barbosa em torno dos arquivos da escravidão, que de resto jamais existiram. O ato que mandou queimar todos os papéis, livros de matrícula e documentos relativos a escravos nas repartições do Ministério da Fazenda teve por finalidade eliminar os comprovantes de natureza fiscal que pudessem ser utilizados pelos ex-senhores para pleitear a indenização junto ao governo da República, já que a Lei de 13 de maio de 1888 havia declarado extinta a escravidão, sem reconhecer o direito de propriedade servil. Nem poderia fazê-lo. O próprio Rui Barbosa, dissertando a respeito, deixara bem claro esse ponto, ao relatar o projeto da emancipação do elemento servil em 1884: 'O princípio da indenização ficara [sic] repudiado para sempre, e rotos com ele os famosos títulos de senhorio da raça branca sobre a negra. Essa intuição iluminou em um relâmpago o futuro, e travou a pugna entre o ódio e a

esperança'. Assim, o ato de Rui Barbosa deve ser examinado à luz da mentalidade da época e das circunstâncias políticas que o cercaram, sem o que não estaríamos fazendo história.

Para aqueles, como eu, obcecados por genealogia e igualmente indignados por qualquer apagamento de documentos, recomendo a leitura. A defesa dos autores é de que, em primeiro lugar, Rui Barbosa não teria de fato ordenado a queima de tais documentos. Ele foi demitido do cargo de ministro da Fazenda no fim de 1890, e foi seu sucessor, o conselheiro Tristão de Alencar Araripe, quem assinou a circular 29 ordenando a incineração. Mas os autores admitem que Rui Barbosa havia encabeçado o movimento a favor da destruição dos documentos. Na época, havia uma espécie de bancada ruralista dentro da Câmara dos Deputados, um grupo autointitulado "indenizista," liderado pelo Barão de Cotegipe, que tentava aprovar um projeto de lei para indenizar os proprietários de pessoas escravizadas pelos "prejuízos resultantes da extinção do elemento servil". Faria sentido para Rui Barbosa, como ministro da Fazenda durante a abolição, pensar em ações que apagassem essa chama.

Era isso que eu questionava enquanto andava em seus jardins. Entendo o contexto, querido Rui, mas não posso deixar de lamentar a gravidade das consequências dessa queima. Não é possível que ele não tenha pensado no apagamento da história de tantas pessoas. Penso também que – talvez ingenuamente –, se os proprietários tivessem conseguido suas indenizações, talvez tivessem aberto prerrogativa para pessoas escravizadas pedirem também as suas.

O livro de fato amenizou minha cólera. Não porque me convenceu de que o ato era justificado. Jamais. Mas porque me fez questionar a placa de bronze no Lloyd Brasileiro, navio onde aconteceu a queima: "13 de maio de 1891. Aqui foram incinerados os *últimos documentos* da escravidão no Brasil" (grifo meu). Esta frase, repetida por professores de história e outros estudiosos, anota na nossa memória a inexistência de documentos sobre a escravidão brasileira. Quase nos faz desistir, de antemão, a buscar por informações sobre antepassados escravizados, quando existe a possibilidade, mesmo que ínfima (mas não tanto quanto se imagina), de ela estar dentro de um cartório.

No capítulo "Pedra de Escândalo", Américo Lacombe faz uma dedução coerente: "O que os estudiosos devem ter perdido para sempre, tratando-se de uma ordem emanada do Ministério da Fazenda, deve ter sido os livros de registros de escravos, para o efeito do pagamento dos impostos, e os livros de entradas nas alfândegas", ou seja, os registros fiscais. Além disso, Lacombe duvidava que a ordem tenha sido cumprida em todos os estados do Brasil: "Ou então a nossa emperrada máquina burocrática terá funcionado eficazmente pela primeira vez, para nossa infelicidade".

Era bem verdade que eu havia encontrado documentos com a mancha da escravidão. Nos jardins de Rui Barbosa, lembrei-me do trecho do livro *Memorial de Aires*, de Machado de Assis, que abria o capítulo de Lacombe:

> Embora queimemos todas as leis, decretos e avisos, não poderemos acabar com os atos particulares, escrituras e inventários, nem apagar a instituição da história, e até da poesia.

Penso que acreditar na infame placa de bronze, de que queimamos todos os registros, é um desserviço à nova história do Brasil que se escreve. Precisamos bater com insistência nas portas dos Arquivos Históricos, cartórios, igrejas, museus, até que tenhamos resgatado o nome e a história daqueles que sobreviveram à barbárie da escravidão.

木

Cresci acreditando que o sobrenome paterno da Vódorinha, Vieira, apontava para origens remotas em um grupo fenício chamado

Vhai'ra. O que não sabia até então era que seu avô, Francisco Xavier Vieira, havia herdado o sobrenome do "proprietário" de sua mãe, José Vieira Rabello. Seu nome do meio, Xavier, pode ter sido dado em homenagem ao santo, ou talvez fosse uma forma de proteger sua origem como as mulheres estudadas por Maria Adenir Peraro, já que seu pai era considerado "incógnito".

Francisco vivenciou, aos quatorze anos, em 1871, a aprovação da Lei do Ventre Livre, que não significaria muito para ele na prática, mas sim para os seus filhos. Talvez a proximidade com a abolição da escravatura, que ocorreria poucos anos depois, tenha permitido que ele se casasse. Francisco e Thecla se casaram em 13 de novembro de 1883 e tiveram nove filhos, todos com o sobrenome "Xavier Vieira". Thecla morreu aos 36 anos de idade de causas "desconhecidas" e deixou nove filhos menores de idade. Francisco casou-se novamente, mas sua nova esposa não sobreviveu ao nascimento do primeiro filho. Profundamente deprimido, Francisco morreu em 1905, um mês antes de completar 48 anos, deixando as primogênitas gêmeas Maria da Penha e Maria da Graça, aos 20 anos, responsáveis por todos os irmãos. Francisco não sabia, mas deixaria como legado a sua paixão pela educação. Foi emocionante encontrar um artigo de 2013 que o citava no jornal Notícias do Dia de Joinville:

> Como naquela época não havia escolas públicas mantidas pelo governo, ou se havia eram muito raras, Francisco, homem zeloso com a educação dos filhos, contratou um professor particular, o português mestre Madeira, como era tratado, para ministrar as primeiras letras à extensa prole dos Vieira.

O seu quarto filho fundou a primeira escola da região, que mais tarde receberia o nome Escola Plácido Xavier Vieira.

Alfredo, o quinto filho de Francisco e pai de Vódorinha, foi inspetor escolar e professor por dezessete anos no Colégio Catarinense, uma escola religiosa de elite em Florianópolis. É interessante notar que no registro de nascimento de Alfredo, Francisco foi identificado como "crioulo" e sua mãe, Thecla, "parda", ambos filhos de mães escravizadas. O mesmo Alfredo que ao morrer aos 86 anos, pai de professores, desembargadores, juízes, advogados e jornalistas, foi considerado "branco" na certidão de óbito.

O apagamento da ancestralidade me atingiu com força. Por ser uma imigrante racializada, não pude deixar de me perguntar se meus netos e bisnetos saberiam ou se importariam com a minha história. Talvez fosse esse o motivo de minha obsessão: o medo de ser esquecida pelo fato de minha cor não ser sinônimo de poder.

CAPÍTULO 7: O TESTE DE DNA

Florianópolis, Santa Catarina, 2018

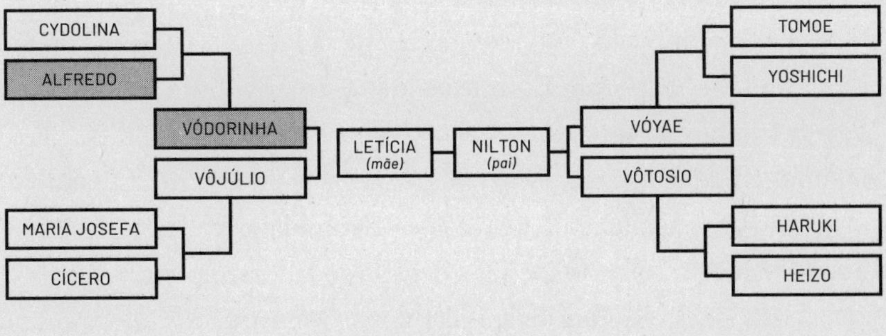

Fui acordada por minha avó batendo na porta. Uma onda de sons me devorou: pratos sendo lavados, cachorros latindo, pássaros cantando. Por uma fração de segundo, achei que eu era uma adolescente atrasada para ir à escola, e Vódorinha vinha se certificar de que eu teria tempo suficiente para tomar café antes de pegar o ônibus.

— É hora de fazer o teste! — disse ela. — Já se passaram trinta minutos.

Meu coração se aqueceu. Pulei da estreita cama que me pertenceu por uma década; meus joelhos e costas me lembrando que eu tinha agora 33 anos. Abri a porta de madeira barulhenta segurando a maçaneta ainda quebrada. Vódorinha falava a cem quilômetros por hora, ansiosa e preocupada com o prazo. Achei graça.

— Vó, o teste deve ser feito *pelo menos* trinta minutos depois de comer, não trinta minutos exatamente... — falei baixinho, sabendo que ela não me ouviria.

Não tinha certeza se meus avós aceitariam fazer um teste de DNA. Combinados, eles representam o sangue de minha mãe, e eu sabia que se mencionasse isso teriam dito sim imediatamente. Mas queria que eles tomassem uma decisão informada, pensando na importância dos seus dados genéticos. Como eles não ouvem muito bem, escrevi uma carta explicando o que é o teste de DNA, como fazê-lo, quanto tempo leva para se obter o resultado, o que pode aparecer no resultado e por que eu queria testá-los. Listei as instruções, passo a passo, no verso da carta: antes de coletar a saliva, o paladar deve estar limpo, portanto, recomenda-se fazer o teste pelo menos meia hora após a refeição. A saliva é coletada em um tubo de plástico fino e pequeno cuja tampa guarda uma solução azul. Quando o tubo é lacrado, a solução é liberada e misturada à amostra. Assim, o líquido segue preservado até sua chegada ao laboratório, que, não por acaso, está localizado em Salt Lake City. Os resultados chegam em algumas semanas.

Vôjúlio, que agora sofria com Mal de Parkinson, teve um pouco de dificuldade para levar o tubo à boca. Pudica, como a gente costuma falar no sul do Brasil, Vódorinha foi ao canto do cômodo para cuspir com privacidade. Eu podia sentir seu nervosismo e me perguntei do que ela estaria com medo.

Nasci com a pele mais escura que minha avó. No verão, eu e meu irmão, que gostávamos de ficar na praia o dia todo, pegávamos cor rapidamente. Lembro-me dela nos pedindo para sair do sol porque estávamos "muito escuros". Ao longo da infância, lembro como ela usava a palavra "alemão" como elogio ou sinônimo de "extremamente organizado" e "bem-feito". Ouvi muitas vezes histórias do pai dela, Alfredo, que sabia falar alemão e era professor em Blumenau, cidade colonizada por alemães. Nunca tínhamos ouvido que ele era preto. Nunca tinha sido dito na família que o pai dela era preto.

O fato de ter documentos que mostravam Anna e Domingas como mulheres escravizadas não tinha sido suficiente para permitir conversas abertas sobre esse galho da família. Pelo contrário. Bisavôalfredo teve dezessete filhos. São quase trezentos descendentes. Eu estava reescrevendo a ancestralidade de pessoas que se diziam e eram vistas como pessoas brancas, muitas das quais alcançaram um lugar de poder que no sul do Brasil, convenhamos, é hostil a pessoas de outras raças.

Seria a supressão da nossa história um ato consciente para evitar o peso do racismo sistêmico? Ou uma herança do meu bisavô, filho e neto de mulheres escravizadas, que precisou esconder o passado para sobreviver?

— Minha família não aceitou muito bem. — disse-me, em segredo, um parente. — Mas você *deve* continuar — acrescentou, acreditando na importância da pesquisa tanto quanto eu.

— Tudo bem dizer que Anna foi escravizada, mas não sei se você precisa dizer que ela foi estuprada — disse outro parente.

Eles se referiam ao artigo que eu tinha publicado no meu blog sobre as descobertas feitas em parceria com Gonzalo e que acabou mencionado pela extinta revista Galileu. Não seria difícil levantar a possibilidade de que o pai "incógnito" de Thecla, filha de Anna Maria de Jesus, fosse José da Rocha Coutinho, seu "dono". E se fosse, difícil acreditar que tivesse havido consentimento para o ato sexual.

Eu sabia que havia uma mudança de paradigma a ser feita, mas não estava certa de que minha avó queria isso. Mesmo assim, ela disse sim ao teste de DNA e serei eternamente grata por sua atitude, que nos permitiu expandir a verdadeira história da família.

木

Eu já estava de volta a Los Angeles quando chegaram os resultados do teste de DNA, em um pequeno apartamento em Sherman Oaks. Minhas malas ainda jaziam num canto, abarrotadas de roupas, talvez como uma forma de fingir para mim mesma que a viagem ao Brasil ainda não havia terminado.

Abri o gráfico à frente que apontava que sim, Vódorinha descendia da África: cerca de 16% de Camarões, Congo e povos Bantu do Sul. Uma informação que não mudava o rumo da pesquisa, mas que ajudou a confirmar o que os documentos já diziam. Como se ao entender a fragilidade da história no Brasil, precisasse de uma comprovação científica para poder falar sobre quem foi Anna.

Aqui está uma história que consegui falar publicamente:

Anna Maria de Jesus, "escrava de" José da Rocha Coutinho, e Domingas Maria Conceição, "escrava de" José Vieira Rabello, são agora Anna Maria de Jesus e Domingas Maria Conceição, duas mulheres africanas ou afrodescendentes que deram à luz Francisco Xavier Vieira e Thecla Maria de Jesus, no norte de Santa Catarina, um casal que se apaixonou aos vinte anos e que teve descendentes libertos.

木

As porcentagens do que os testes convencionaram chamar de "etnicidade", aprendi, são baseadas em cálculos que, à primeira vista, parecem exatos. Longe disso.

Um cálculo simples diz que herdamos 50% de cada pai, o que significaria uma média de 25% de cada avô e 12,5% dos bisavós, razão pela qual eu acreditava que Vódorinha, sendo bisneta de duas mulheres escravizadas, teria 25% de diferentes grupos africanos combinados: 12,5% de Anna e 12,5% de Domingas. Porém, a única certeza nessa equação é que recebemos 50% de cada pai. Já o que herdamos dessa metade é completamente aleatório. Isso explica por que irmãos, com exceção dos gêmeos idênticos, têm resultados de DNA diferentes. Por exemplo, digamos que eu fosse 50% russa e 50% grega. Minha filha não será necessariamente 25% russa e 25% grega. Ela poderá ser 40%/10%, 35%/15%, 30%/20%, ou qualquer variação. Hipoteticamente, inclusive, ela poderia herdar apenas minha metade russa e perder as marcas de ter tido antepassados gregos.

Sei que parece irracional, mas me incomodava que o teste de DNA não respondesse de onde Anna e Domingas vieram. Não sei o que esperava. Acho que, secretamente, também aguardava por um resultado que pudesse esclarecer o que eu era, já que vivia nesse limbo flutuante de identidades.

— As pessoas acreditam que vão encontrar respostas em um desses testes, mas tudo o que encontram são novas perguntas — disse a pesquisadora americana Sarah Abel, autora do livro *Permanent markers*, quando percebeu minha angústia.

Sarah era uma mulher branca de ascendência norte-europeia que morava na Cidade do México. Ela estudava a complexidade da chamada "etnicidade" nas Américas, principalmente nos locais de muita mistura, como nos Estados Unidos, no México e no Brasil. Fui apresentada a Sarah quando pesquisava o projeto Candela - Consórcio para Análise da Diversidade e Evolução na América Latina, criado para estudar a relação entre genética e fenótipo na população da América Latina. Na época, a geneticista responsável, Maria Cátira Bortolini, me alertou para o fato de que eu parecia me interessar menos pelos dados genéticos e mais pela questão da identidade formada por causa ou apesar dos traços fenotípicos. E neste caso, Sarah era a pessoa certa.

Sarah queria entender as relações entre corpos e identidades, mais especificamente a autopercepção de raça com o advento da indústria dos testes de DNA para o consumidor, o que ela chama de *consumer genomics*. Assim ela escreve na introdução do seu livro:

> Para muitas pessoas, fazer um teste de ancestralidade de DNA oferece o primeiro caminho para um novo tipo de autodescoberta. Desde o seu surgimento no início dos anos 2000, as empresas de testes de ancestralidade genética para o consumidor têm incentivado os clientes a tratarem seu genoma como uma fonte de autoconhecimento profundo e íntimo, apresentando o DNA como um "cordão umbilical", ligando o indivíduo com a história profunda de nossa espécie. Originalmente descartado pelos críticos como modismo e pseudocientífico, o mercado de teste de ancestralidade de DNA desde então se transformou em uma indústria multimilionária global que atende aos desejos dos clientes de descobrir sua "mistura étnica" única e predisposições genéticas de saúde e se reconectar com parentes perdidos através do aspecto mais básico de sua biologia: seu DNA. No momento em que escrevo, estima-se que mais de 30 milhões de kits comerciais de teste de ancestralidade de DNA tenham sido processados por empresas em todo o mundo.

Sarah me explicou que o termo "pseudocientífico" se referia ao fato de que os relatórios entregues pelos laboratórios pareciam simplificar a complexa tarefa de interpretar a ancestralidade. Alguns chegavam a emitir um "Certificado de Ancestralidade" que, diferente dos relatórios fornecidos hoje, resumia de maneira simplória um resultado que é, na verdade, uma estimativa calculada com base em dados que são também, por sua vez, estimativas. Embora haja um longo caminho a ser percorrido, hoje as empresas avisam sobre os critérios escolhidos e advertem para a margem de erro. Assim está escrito no site da empresa AncestryDNA:

> A AncestryDNA calcula uma faixa de porcentagens mais prováveis para cada "etnicidade". Se, por exemplo, você tiver 41% de França em seus resultados, o intervalo real dos resultados mais prováveis pode ir de 38 a 45%. Em outras palavras, entre 38% e 45% do seu DNA é provavelmente de antepassados franceses, sendo a porcentagem mais provável de 41%. Você pode encontrar esse intervalo clicando em uma etnicidade específica em seu relatório.

Sarah, que ouviu com atenção sobre minha pesquisa, me orientou que ao falar sobre os 16% de Camarões, Congo e povos Bantu do Sul listados no resultado de Vódorinha, falasse também da margem de erro e do que o número significa de fato: que *em torno de*, e não exatamente, 16% dos genes dela são semelhantes a pessoas que tiveram amostras de DNA coletadas naquela região. Uma interpretação comum e errada seria dizer que ela era 16% africana ou descendente de povos africanos, sem o entendimento de como é feita a estimativa. Segundo a empresa AncestryDNA:

> O primeiro passo é coletar o DNA de pessoas cuja família tem uma longa história em uma determinada parte do mundo. Esse grupo é chamado de painel de referência e, no momento, 43 regiões diferentes do mundo estão representadas. A segunda parte do processo é comparar seu DNA, pouco a pouco, com o DNA das pessoas das 43 regiões diferentes do painel de referência, para ver com quais grupos de DNA seu DNA mais se parece. Por exemplo, se dez por cento do seu DNA for mais semelhante ao DNA de pessoas da França, o AncestryDNA atribuirá dez por cento de sua estimativa de etnicidade à França.

Quais genes foram escolhidos pelo laboratório para esse tipo de teste, como foram delimitadas essas áreas que representam cada "etnicidade", como foram escolhidas as pessoas testadas, quais genes sobreviveram na pessoa testada com o passar das gerações, são algumas questões que demarcam a dificuldade de declarar, com simplicidade, qual a ancestralidade de uma pessoa. Como escreve Sarah, os testes "devem ser vistos não como verdades universais sobre raça e identidade, mas como informações situadas que ganham diferentes significados através das lentes de vários mitos de identidade e à luz das lutas de poder locais que giram em torno de genealogias de violência e desigualdade".

Antes de ler *Permanent Markers*, estava em dúvida sobre incluir ou não os resultados dos testes de DNA no livro. Sentia que poderia inadvertidamente contribuir para a disseminação de informações equivocadas. No entanto, foi a reflexão de uma querida amiga, Carolina, autora da biografia de seu avô, um filho de imigrantes alemães, que me fez perceber que mais do que simplesmente recontar a história dos meus antepassados, era essencial narrar a jornada que representou a investigação.

— Não encontrar documentos, ou não ter respostas, por exemplo, também diz muito sobre o que é o Brasil.

Carolina falava sobre o meu esforço quixotesco de pesquisa que não resultava, de fato, em algo *concreto*, ou melhor, em descobertas que me ajudassem a escrever a real história de meus antepassados. Quando pensei em não incluir os testes, lembrei-me de sua fala e percebi o valor das conversas em torno do resultado de Vódorinha, mais do que do teste em si.

A comprovação de uma ascendência africana de minha avó não mudou como me identifico, muito menos como sou percebida pelos outros. Mas me trouxe esse questionamento, que é vivo e fluido, de quem eu seria se tivesse herdado a cultura daqueles que foram apagados. Quando peguei em mãos o livro de Sarah pela primeira vez, abri coincidentemente neste parágrafo:

> A pletora de grupos do Facebook, discussões no Instagram e blogs dedicados ao compartilhamento de resultados de DNA contribuíram para a percepção (...) de uma experiência social dinâmica e contínua. Menciono isso para enfatizar que não é apenas o conteúdo dos relatórios de ancestralidade de DNA, mas também a possibilidade de compartilhar, comparar e discutir publicamente os resultados que informam o significado social e a legitimidade desses dados como base para a construção da identidade.

Pensei nessa ressignificação individual, mas também de um certo modo coletiva, que acontece quando uma pessoa desperta para o interesse pela ancestralidade.

Sarah não apenas havia pesquisado o conflito que eu vivia, mas estudado justamente os Estados Unidos e o Brasil, os países onde eu desconstruí e reconstruí minha identidade racial. Quando migrei, minha identidade entrou em crise. Como grandes cobertas pesadas em pleno verão, camadas identitárias foram jogadas em mim tão rapidamente que quase me sufocaram. Imigrante, *brown*, asiática, latina, brasileira, japonesa. Aos poucos, fui em busca de comunidade. Foi quando encontrei um coletivo de mulheres e pessoas não-binárias documentaristas "*of color*"[6] que comecei a ganhar vocabulário para falar sobre quem era e as opressões que me afetavam. Eu continuava vestindo os cobertores, mas agora com leveza.

Foi nesse processo que conheci uma professora haitiana que havia viajado o mundo, migrado para Nova York e, por ter crescido

---

[6] Devido às diferenças culturais entre Brasil e Estados Unidos e à complexidade do tema, preferi deixar o termo original em inglês.

no México, era também fluente em espanhol além de inglês, creole haitiano e francês. Ela me contou que no México, mexicanos se surpreendiam com a fluência dela em francês. Nos Estados Unidos, americanos com a fluência em espanhol. No alto da minha ingenuidade, perguntei se no Brasil, por ser um país miscigenado, ela havia encontrado menos rostos surpresos.

— Pior, no Brasil, eu, uma mulher preta, não era vista. Nunca me senti tão invisível. As pessoas achavam que eu era garçonete, balconista, atendente, e desviavam os olhares, como se fosse uma ninguém, nem mesmo digna de um bom dia.

Na época, ainda estava despertando para as violências que atravessavam os corpos racializados no Brasil. Eu ainda fazia piadas autodepreciativas que aprendi vivendo como nipo-brasileira numa cidade majoritariamente branca. Foi quando me mudei que passei a ser advertida pelos ouvintes de que ali aquilo não era aceito – e aqui, vale dizer que estou ciente de que eu vivia em uma bolha chamada Califórnia, epicentro da luta pelos direitos LGBTQIAPN+ e que abriga um grande número de cidades-santuário, localidades que impedem que agências locais governamentais contribuam com a política anti-imigração do país. Conquistas que não nasceram da boa vontade, mas de uma luta contra violências graves. Califórnia, por exemplo, permitiu durante a Segunda Guerra a existência de campos de concentração onde 120 mil imigrantes japoneses e japoneses-americanos, incluindo crianças, foram detidos.

Quando compartilhei com Sarah minhas percepções pessoais de raça aqui e acolá, ela disse que, durante sua breve estadia no Brasil, encontrou certa dificuldade para falar sobre o tema:

— Sempre tive a sensação de que estava apenas arranhando a superfície; de que havia histórias, mas que não conseguia acessá-las. Recebia de volta uma resposta do tipo: "ah, aqui não falamos sobre isso. Somos todos misturados, não tem sobre o que falar". É como se quisessem apenas olhar para a frente, pois, sabe, há coisas ruins no passado.

Já a impressão de Sarah sobre os Estados Unidos é que os americanos são treinados desde criança a pensar sobre o assunto. As pessoas parecem ter mais conhecimento sobre a história de suas famílias, ou pelo menos mais conhecimento do que não sabem sobre seus antepassados.

— Então, quando chega o resultado do teste de DNA, as pessoas parecem ter uma base mais sólida para dizer: "oh, bem, isso pode estar relacionado a essa ou aquela história". O que me preocupa no Brasil é o teste de DNA sem genealogia, que pode criar espaço para uma confiança excessiva neles. A minha sensação é que existem histórias orais que as pessoas estão retendo por várias razões, o que é interessante por si só. A informação está disponível, mas se torna uma questão de "quero fazer essas investigações? O que isso vai fazer com a minha família?".

A fala de Sarah me tocou profundamente. Ela descreveu meus medos e anseios antes e depois do teste de DNA.

— Estou arrepiada — confessei, quebrando o protocolo da conversa, que até então tinha um tom de entrevista. — Sabe quando sente que algo está fora do lugar, mas não consegue colocar em palavras? Você acabou de definir a angústia que eu sentia em relação aos testes.

Contei para ela sobre a tensão que sentia ao navegar em mares ainda não explorados. Como se o simples ato de perguntar sobre Anna Maria de Jesus fosse um ato de rebeldia. Ao mesmo tempo que entendia da importância do teste de DNA para trazer minha ancestralidade africana para as rodas de conversa da família, queria colocar os testes em perspectiva não só pelos motivos já citados, mas sobretudo pelo incômodo profundo que senti ao entrar em grupos brasileiros de genealogia no Facebook. Fiquei com a impressão de que algumas pessoas estavam em busca de uma branquitude comprovada.

— Era como se as pessoas celebrassem publicamente os testes quando estes voltavam com um resultado mais europeu do que acreditavam ser. Fiquei um pouco apavorada no que aquilo poderia implicar — desabafei.

No livro, Sarah fala que suas descobertas ecoavam a observação do geneticista Charles Rotimi, que chamou o teste de ancestralidade de DNA de uma "faca de dois gumes":

> Enquanto ajudam a desconstruir ideologias raciais em um contexto, essas tecnologias podem ser usadas para reforçá-las em outro. Ao desfazer o trabalho desumano e destruidor de raízes da escravidão e do racismo aqui, as práticas de teste de ancestralidade de DNA podem contribuir para instaurar diferentes tipos de hierarquias e tendências biocoloniais lá.

Assim, Sarah resume brilhantemente seu livro:

> Em vez de oferecer a emancipação de mitos raciais 'ultrapassados', proponho que os testes de ancestralidade de DNA atuem como um lembrete constante das maneiras pelas quais continuamos a ser marcados, como indivíduos e sociedades, pelas identidades opostas produzidas pela escravidão e pelo colonialismo.

木

Depois de analisar as pequenas surpresas no resultado de Vódorinha - França (3%), Sardenha (2%), Itália (2%), Europa germânica (2%) e Malta (1%) -, percebi que havíamos ignorado algo importante: os 55% de Portugal. Sabemos que a única certeza é que metade veio do pai e a outra metade veio da mãe. Vamos supor que 50% tenham vindo da mãe de Vódorinha, a Vóneném, pois já sabíamos que ela descendia majoritariamente, mesmo que não apenas, de portugueses. Ainda sobra uma pequena parte para o pai, Alfredo, neto de Anna e Domingas, mulheres escravizadas. Sabia que era enorme a probabilidade de que José da Rocha Coutinho, o escravizador português de Anna, ou José Vieira Rabello, o escravizador português de Domingas, fossem os tais pais "incógnitos".

木

Existiam duas hipóteses que poderiam ser confirmadas ou rejeitadas com a ajuda de testes de DNA:

> **Primeira hipótese:** o pai incógnito de Thecla Maria de Jesus era José da Rocha Coutinho, o "dono" de sua mãe.
>
> **Segunda hipótese:** o pai "incógnito" de Francisco Xavier Vieira era José Vieira Rabello, o "dono" de sua mãe.

Teria que encontrar um descendente direto de José da Rocha Coutinho e José Vieira Rabello, convencê-lo a nos dar sua amostra de saliva e comparar seus DNAs com o da Vódorinha. Se eles fossem primos distantes, nossas hipóteses provavelmente estariam corretas.

Havia apenas um pequeno problema: encontrá-los.

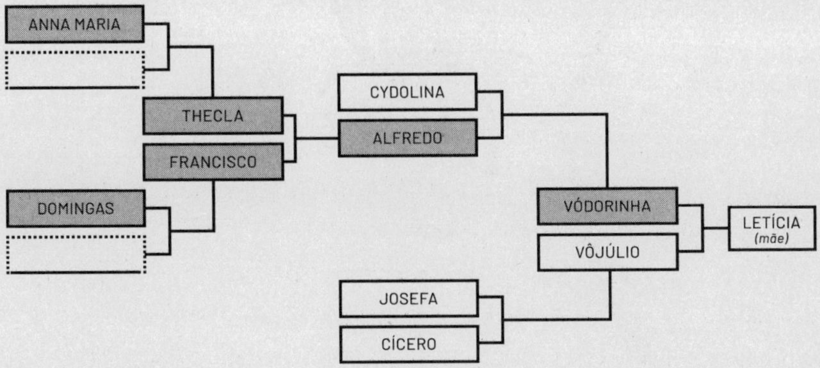

CAPÍTULO 8: O ESCRAVOCRATA E A ESCRAVIZADA

Fortaleza, Ceará, 2019

Quando cheguei ao pequeno hotel no centro vazio da cidade, uma sensação estranha me invadiu. O carnaval havia terminado há poucos dias e os funcionários pareciam surpresos em receber uma hóspede naquele momento. Olhavam-me como se fosse uma turista perdida. De certa maneira, me sentia exatamente assim.

Estava em Fortaleza prestes a encontrar o tataraneto do homem que escravizou minha tataravó. Em um fórum de genealogia, um post pequeno me trouxe até este momento:

> Sou Rodrigo Rocha Coutinho, natural de Campos dos Goytacazes, Rio de Janeiro. Herdei o sobrenome Rocha Coutinho de meu pai José Rocha Coutinho Neto (nascido em Curitiba, Paraná), filho de José Rocha Coutinho Junior (nascido em 7 de janeiro de 1918 em Rio Negro, Santa Catarina). Meu avô era filho de José Rocha Coutinho (provavelmente nascido em Araquari, mas que morava em Joinville, Santa Catarina).

Sentei-me junto à enorme janela de vidro para aproveitar os últimos raios de sol daquela tarde e pedi um risoto com camarão ensopado, que comi com prazer. A parte de que mais gosto de uma viagem é, sem sombra de dúvida, comer. Pude sentir a deliciosa mistura de camarão, queijo parmesão e leite de coco sobre o arroz arbóreo. Meu estômago não sabia ao certo como digerir.

Rodrigo chegou um pouco antes do pôr do sol, carregando uma pasta cheia de papéis. Ele era alto, barba e cabelos escuros que contrastavam com a pele branca. Chegou sorrindo e caloroso. Alívio.

Pedimos uma água ao garçom. Perguntei se poderia gravar a conversa.

— Ficaria honrado em saber que ajudei a desvendar a história de sua família — respondeu.

Havia muito em jogo. Eu carregava um daqueles kits caros de teste de DNA na bolsa e queria pedir a Rodrigo que me desse uma amostra de sua saliva.

— O que você sabe sobre seus ancestrais? — perguntei.

— Meu bisavô, José da Rocha Coutinho, era alfaiate. Um humilde alfaiate.

Um humilde alfaiate com escravos, pensei.

— Ele morava em Joinville, como você sabe, mas saiu com a família para Curitiba. Seu filho, José da Rocha Coutinho Junior, meu avô, nasceu no Rio Negro, mas foi criado em Joinville. Ele adorava Joinville.

Enquanto Rodrigo listava seus familiares, abri minha pasta azul para acompanhar quem era cada um dos Josés. Ele continuou:

— Conheci o irmão mais velho do meu avô, Amílcar da Rocha Coutinho, que morou até os 103 anos em Curitiba. Ele me mostrou a foto do pai dele, do meu bisavô, José da Rocha Coutinho, a pessoa que você está pesquisando.

Tive de parar em cada frase para entender a hierarquia:

— Seu pai é José da Rocha Coutinho Neto, seu avô é José da Rocha Coutinho Junior, e seu bisavô é José da Rocha Coutinho.

— Correto — respondeu Rodrigo. — O alfaiate. Como estava dizendo, meu tio-avô Amílcar me mostrou a foto. Ele era definitivamente moreno, quase preto, como Machado de Assis.

Fiquei intrigada com a descrição.

— A mãe dele era uma africana chamada Balbina — explicou.

— Ela era uma mulher escravizada?

— Fiquei sabendo pelo Facebook que alguns parentes são de Araquari, antiga freguesia de Paraty, fundada pelo meu trisavô Joaquim da Rocha Coutinho. Ele era um proprietário de escravos africanos que desembarcou na região em 1848, onde se casou com Balbina. Pois bem. Segundo os historiadores, Joaquim era um homem muito generoso e tinha adotado muitas pessoas recém-chegadas da África.

Tomei um gole d'água para refletir no que Rodrigo me contava. A palavra "adotado" reverberou desgostosamente na minha mente, como uma lama que invade o mar. Junto com ela, a possibilidade, que agora parecia mais real, de compartilhar o sangue com um escravizador finalmente me atingiu.

— Então, diga-me, como você me encontrou? — perguntou Rodrigo, trazendo-me de volta a Fortaleza.

— Gustavo — respondi, enquanto me esforçava para organizar os pensamentos. — É um primo que tem trabalhado comigo na pesquisa. É jovem, tem dezessete anos e quer fazer História. Ele encontrou a postagem que você fez em um fórum sobre genealogia.

Contei a Rodrigo sobre minha viagem a Pernambuco, minhas desventuras no cemitério e cartório de Escada, a obsessão que me levou a Salt Lake City, e, finalmente, a pesquisa sobre Anna Maria de Jesus. Tirei da pasta azul o documento que dizia que ela era "escrava" que "pertencia" a José da Rocha Coutinho.

— Aqui — falei, entregando-lhe o papel. — Foi aqui que descobri a ligação entre a minha família e a tua.

Rodrigo leu com seriedade.

— Não sei se meu bisavô é a pessoa que você está procurando. Ele era um simples... alfaiate. — Reafirmou.

— Tenho uma pergunta — disse, nervosa. — Tenho testado o DNA da minha família: meu pai, meus avós, meus irmãos. O teste também rastreia primos distantes de acordo com a quantidade de DNA compartilhado.

Revirei alguns papéis enquanto falava. Não consegui encará-lo por medo de que qualquer expressão comprometesse o pedido. Tinha viajado nove mil quilômetros para isso.

— Quer que eu faça um teste de DNA? — ele perguntou.

— Sim — respondi voltando a encará-lo. — Tenho um teste na mochila. — disse retirando rapidamente a caixa amassada e a colocando na mesa, como se o fato de eu demorar demais pudesse fazê-lo mudar de ideia.

Naquela época, ainda não existiam empresas no Brasil que fizessem esse tipo de teste. Expliquei em detalhes como seria, para quê, e combinei que eu não teria acesso ao resultado; precisava apenas que o DNA dele estivesse na base de dados para que a empresa comparasse com o genoma de minha avó.

— Este é um grande presente, Juliana — disse humildemente. — Estou muito honrado por ser incluído em sua pesquisa.

Percebi que, para um amante da genealogia, era uma rara e importante ferramenta de pesquisa. Que, assim como eu, ele também queria entender sobre suas raízes. Respirei.

木

Foram seis semanas até que os resultados ficassem prontos. O bisneto de José da Rocha Coutinho, Rodrigo, tinha, afinal, genes em comum com a bisneta de Anna Maria de Jesus, a Vódorinha.

Alguns primos distantes também descendentes de Anna haviam se juntado para desvendar essa história. Diego era um deles. Ele testou o DNA de toda a sua família, incluindo sua mãe, a irmã caçula de Vódorinha, minha querida tia-avó Tiamiriam. O DNA dela tinha uma semelhança ainda maior com o de Rodrigo. Isso foi importante, pois o grau de parentesco é determinado por uma medida chamada centimorgans (cM). Enquanto Vódorinha e Rodrigo possuiam 19cM em comum, Tiamiriam e Rodrigo compartilhavam 46 cM. Abaixo de 20cM, a empresa considera o parentesco apenas *provável*, ou seja, os 19cM entre Vódorinha e Rodrigo não eram suficientes para provar algo.

Para entender as possibilidades de relacionamento entre pessoas através de cMs compartilhados, recorri ao projeto colaborativo chamado *The Shared cM Project*, que coletou resultados de DNA de mais de sessenta mil voluntários. O grupo de pesquisadores chegou à conclusão de que a quantidade de cM compartilhados entre um pai e um filho é de, em média, 3.485 cM. Já entre um neto e um avô, é de 1.754, e de um bisneto com seu bisavô, é de 887.

A pesquisa estudou mais de sessenta graus de parentesco e quantos cMs geralmente são compartilhados em cada caso. Por exemplo, o neto da meia-irmã do pai (o que eles chamam de Half 1c1R) ou o bisneto do meio-irmão da avó (Half 2c1R). Assim é a tabela, menos complicada do que aparenta, desenhada pelo projeto:

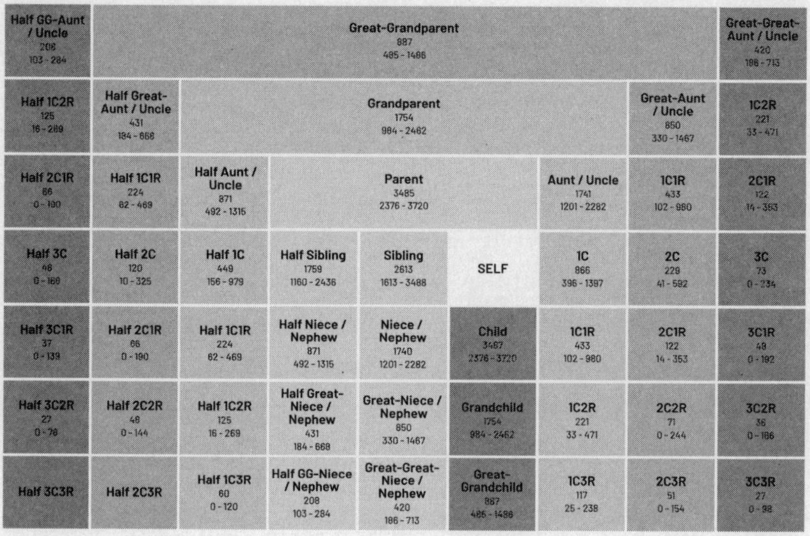

O ponto de partida é o quadrado nomeado de "SELF", onde vamos posicionar a pessoa que vamos comparar; neste caso, Tiamiriam. Os demais quadrados representam graus de parentesco e suas respectivas médias de cMs compartilhados entre "SELF" e o parente, além de valores mínimos e máximos encontrados. Por exemplo, entre Tiamiriam e seu filho Diego usaremos o quadrado "CHILD" para encontrar os números que eles devem compartilhar entre si: entre 2.376 e 3.720 cM, ou uma média de 3.487 cM. E, de fato, de acordo com o teste, eles compartilham 3.406 cMs. Eu e meu pai, por exemplo, temos 3.138 cMs em comum.

Como estamos procurando o grau de parentesco entre minha Tiamiriam e Rodrigo, busquei na tabela parentescos cujo valor mínimo incluísse 46 cMs. Desse modo, a seguinte tabela foi criada:

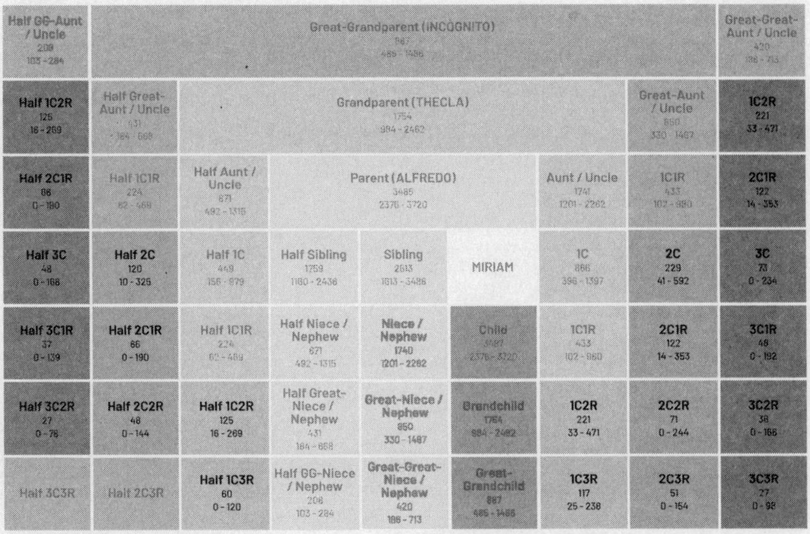

Nela, os quadrados que não foram esmaecidos representam as possibilidades. Relembrando o que sabemos dos dois:

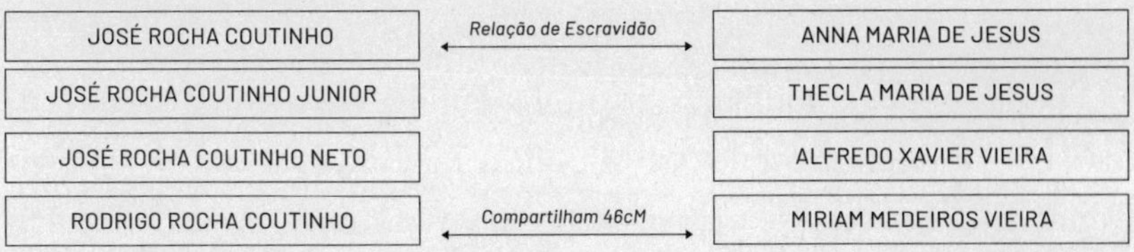

De acordo com a tabela de *The Shared cM Project*, existe a possibilidade não apenas de José da Rocha Coutinho ser o bisavô de Tia-miriam (portanto meu tetravô), mas também a possibilidade de um irmão ou tio de José ter sido o tal do pai incógnito. Nunca saberemos exatamente. Mas algo é fato: descendemos da família Rocha Coutinho.

木

Uma das primeiras pessoas que contatei foi Marcela, esposa de Gonzalo, o argentino obcecado por genealogia que também pesquisava sobre Anna Maria de Jesus. Nós éramos completas desconhecidas. Ao mesmo tempo, estávamos ligadas por essa ascendência comum: ela era filha da filha da filha da filha de Anna. Eu era filha da filha do *filho* da filha de Anna. Relembrando a ópera: Anna teve uma filha chamada Thecla que se casou com Francisco Xavier Vieira que, juntos, tiveram nove crianças. Uma delas é Alfredo Xavier Vieira, meu bisavô. Outra é Gertrudes Thecla Xavier Vieira, bisavó de Marcela[7].

Descobri que Marcela, assim como eu, sofria de dores menstruais intensas. Desprezada pela medicina, foi buscar cura no mundo espiritual e por isso buscava as origenas da linhagem materna.

— Acreditamos que as feridas de um trauma podem ser passadas por sete gerações. Se considerarmos Anna a geração primeira, minha filha seria a sétima. Parecemos distantes, mas estamos muito mais próximas do que pensamos.

Foi ela quem nomeou a estranha sensação de descender do opressor: angústia.

Liguei para mulheres da minha família para tentar compreender, coletivamente, o que isso significava. Minha tia Isabel, sobrevivente de um câncer de mama, desabafou que a descoberta da história de Anna e Thecla lhe trouxe muita dor “na alma e no físico também”.

— Estou falando sob a minha visão de mulher, nascida no final dos anos 1950, que viu a “queima de sutiãs” e teve Simone de Beauvoir como referência. Impossível imaginar a dor lancinante e insuportável de uma mulher escravizada, que sofreu física e moralmente. Saber que corre sangue dessas mulheres em nossas veias...

Durante o tratamento, minha tia foi atendida por uma amiga que conheci na faculdade. Andressa, agora Luna, tinha largado o Jor-

---

[7] Ver relacionamento em infográfico 02.

nalismo para virar curandeira de almas. Minha tia Isabel conta que Luna a ajudou a restabelecer a conexão com as mulheres ancestrais que talvez tivessem o mesmo problema pelo qual ela passava.

— Refleti muito sobre essas mulheres que vieram antes de mim. Fui acolhendo a dor delas no meu coração. Foi reparador.

Foi difícil acordar para a realidade de que nossas raízes têm origem quase certamente em estupro. Por mais que todos soubéssemos que é a real história de origem do Brasil. Estranhamente, de certa maneira, entender essa herança validou o sentimento de carregar o peso por nascer mulher.

— Quando eu estava grávida, tinha uma cliente que sempre perguntava qual seria o sexo do bebê. Aquela senhora me intrigava, não entendia por que ela perguntava tanto sobre o sexo. Quando soube que era um menino, ela disse: "graças a Deus não é menina; menos uma para ser oprimida".

A descoberta também mexeu com Lourdinha, prima da minha mãe, que disse que só agora, depois dos sessenta anos, tinha percebido que a escravidão estava mais perto dela do que pensava:

— Thecla, filha de Anna, é sua trisavó. Mas ela é a *minha bisavó*. Como eu não sabia que ela havia sido uma mulher escravizada? — questionou-se, um tanto revoltada.

Lourdinha e eu discutimos o impacto do catolicismo nas nossas vidas. Em diferentes épocas, ambas havíamos encontrado sentido em religiões de matrizes africanas. Batizadas na Igreja Católica, sentimo-nos hereges. Consumidas por culpa, levamos anos para celebrar as novas crenças.

Pensei em Kehinde, protagonista do livro *Um Defeito de Cor*, de Ana Maria Gonçalves, sobrevivente do abrupto sequestro de sua terra natal e da travessia transatlântica que se prova fatídica para sua avó e irmã gêmea Taiwo. Em especial, me marcou a devoção da pequena aos seus Ibêjis, Nanã, Xangô e Oxum e sua busca incessável por resgatar as estátuas que lhe foram arrancadas na travessia. Quando finalmente consegue – pelo menos Xangô e os Ibêjis – Kehinde os esconde em um buraco cavado à mão na parede da senzala. Das pessoas escravizadas, tentaram arrancar tudo: a religião, a dignidade, a identidade. Mas Kehinde resiste:

> Para os brancos fiquei sendo Luísa, Luísa Gama, mas sempre me considerei Kehinde. O nome que a minha mãe e a minha avó me deram e que era reconhecido pelos voduns, por Nanã, por Xangô, por Oxum, pelos Ibêjis e principalmente pela Taiwo. Mesmo quando adotei o nome de Luísa por ser conveniente, era como Kehinde que eu me apresentava ao sagrado e ao secreto.

Infelizmente, o tempo apagou, para sempre, o nome verdadeiro de Anna Maria de Jesus, sua história e religião. Mas ouso dizer que aqui, dentro de nós, mulheres que carregam o seu sangue, sua existência permanece.

PARTE 2: PAI

"Amor e luto são um pacote. Se você ama, você
um dia vai conhecer a dor da perda."

David Kessler em *Encontrando sentido: o sexto estágio do luto*

CAPÍTULO 9: CEREJEIRAS & CAFEZAL

Kumamoto, Japão, 1914

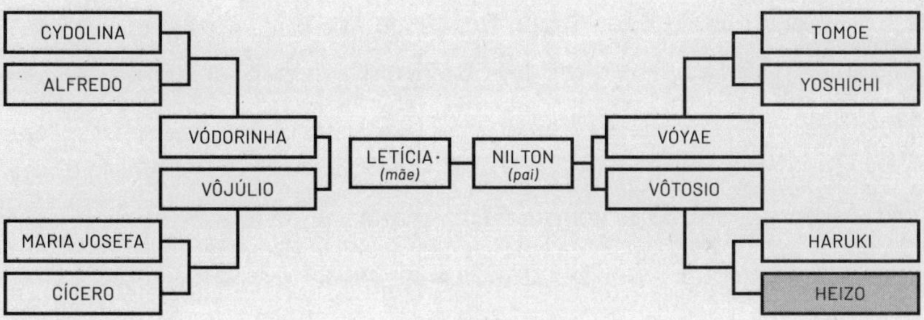

Heizo Sakai tinha apenas dezenove anos quando chegou à estação de trem na província de Kumamoto, no sul do Japão, para embarcar rumo a Kobe, uma grande cidade portuária 680 quilômetros ao norte. A paisagem, já não tão branca, começava a dar sinal de que a primavera estava por chegar. Heizo perderia o *hanami*, o florescimento das cerejeiras, que aconteceria no fim de março. Mas tudo bem.

— Sou um *dekasegi* — repetia aos pais no momento da despedida em uma tentativa vã de convencê-los de que voltaria em breve. *Dekasegi* significa trabalhar longe de casa, com o sentido de que o lar permanece e, portanto, a migração é temporária.

Heizo fora selecionado para trabalhar no cultivo de café do outro lado do mundo, no Brasil, a terra prometida tropical. O adolescente planejava trabalhar por três anos, fazer o seu pé de meia e voltar com dinheiro para ajudar a família. A mãe, Yue, não acreditou nem por um segundo.

— Vai passar num piscar de olhos. Já já ele está de volta — disse Yukube, pai de Heizo, confortando a esposa.

— *De wa mata* (Até logo) – enfatizou Heizo.

— *Ki wo tsukete, musuko* (Fique bem, filho) — disse a mãe com voz trêmula, esforçando-se para deixá-lo ir.

Heizo escreveu em um pedaço de papel, com letras e palavras estrangeiras, o endereço de onde estaria: "Fazenda Leopoldina, São Paulo, Brasil". Ele torcia para que os pais conseguissem replicar aqueles símbolos tão diferentes para lhe enviar correspondências.

Com apenas uma mala, tudo que lhe era permitido a bordo, Heizo entrou no trem em busca de um assento. Sentou-se perto da janela, tirou o casaco pesado e pensou que poderia ser a última vez que o usaria. Sonhou acordado com um clima de verão que durasse o ano todo, como diziam que acontecia na América do Sul.

A viagem a Kobe foi uma longa jornada de despedida. Montanhas ainda brancas no topo, rios de água gelada azul-acinzentada e, finalmente, a bela baía de Hiroshima. Heizo não imaginava que a cidade seria devastada trinta anos depois. Não poderia prever que testemunharia não uma, mas duas guerras mundiais em sua vida. Por ora, tentava sobreviver aos tempos sombrios do pré-guerra no Japão.

À sua espera estava Wakasa Maru (Círculo da Juventude), um navio cargueiro imponente que chegara do Brasil trazendo café e agora retornaria cheio de imigrantes. A empresa Toyo Imin Goshi Kaisha era responsável por organizar o programa de trabalho em fazendas cafeeiras do Brasil com tudo incluso: passagem de navio, traslado de trem, hospedagem e alimentação. O governo financiava as passagens e fornecia 50 ienes por adulto e 25 por criança.

As propagandas de uma terra fértil e trabalho abundante omitiam as dificuldades de uma colheita de café. Nas imagens de jornal, agricultores sorridentes com luvas brancas colhiam sementes do pé como se, ao simples toque, elas se desprendessem do galho. Acostumado com floricultura e agricultura hidropônica, Heizo não sabia que a tarefa deixaria mãos esfoladas nas primeiras horas de labuta e que o salário era muito abaixo do que a companhia de imigração havia prometido. Também não lhe passou pela cabeça que a escravidão no Brasil tinha sido abolida há apenas 26 anos, e que tudo o que o país buscava era mão de obra barata. Como poderia imaginar? No Japão, o trabalho forçado já era considerado ilegal quase trezentos anos antes de ele nascer.

O garoto subiu a bordo do navio numa terça-feira de março. Correu em direção à proa para ter um último vislumbre do Oceano Pacífico azul tocando a baía japonesa. Olhou para a esquerda, em direção ao alto mar, e tentou abstrair o som das gaivotas em círculos ao redor dos barcos pesqueiros e o caos de pessoas embarcando. Queria imaginar a sensação de liberdade que teria em breve. O cheiro sutil de café vindo do porão coloriu sua imaginação sobre estar em terras tropicais.

Heizo percebeu que o convés estava ficando lotado. Reconheceu muitos rostos da viagem que havia feito de trem e pensou que aquele navio devia ter sido designado para moradores de Kumamoto. Começou a contar quantos passageiros havia para ter uma ideia de quantos cruzariam o mundo com ele, mas perdeu a conta. Eram muitos, talvez mil. A buzina do navio assobiou no ar, assustando as gaivotas.

— Mil setecentos e vinte passageiros — disse o garotinho ao lado, como que adivinhando os pensamentos de Heizo. — Foi o que papai disse. E só quatro banheiros.

Wataru tinha apenas seis anos e era parte da família postiça com a qual Heizo estava viajando. Diferente de programas voltados a imigrantes europeus, este permitia que passageiros japoneses viajassem para o Brasil apenas em famílias que possuíam no mínimo três integrantes aptos ao trabalho braçal. Quando Heizo ouviu as palavras do menino, a realidade o atingiu como uma onda. Cinco semanas seriam um pesadelo. Sentiu que talvez o destino deles não fosse exatamente o que haviam prometido.

Logo depois, junto da família postiça, Heizo se dirigiu ao lugar designado: um pequeno espaço quadrado no porão do navio. Havia colchões finos no chão e pouco espaço entre eles. O cheiro do café, que minutos atrás era uma brisa fresca do Brasil, logo se tornou nauseante. Viu Yoshitaro, o pai do pequeno Wataru, abraçando o garoto e a esposa no colchão ao lado. Compartilharam um olhar longo e sombrio e Heizo vislumbrou o erro que haviam cometido.

木

Era fim de abril de 1914. Pelos cálculos de Heizo, eles já estavam há 46 dias em alto mar. As crianças tinham perdido a alegria do começo da viagem, o cansaço a bordo era visível. Na proa, um grupo se aglomerava apontando para o horizonte. Por detrás da neblina apareciam fantasmagoricamente três, quatro, cinco grandes navios, todos apontando para a mesma direção. A criança ao lado insistia em gritar "Brasil", atraindo todos os passageiros. Heizo teve de se concentrar para buscar algum pedacinho de terra no horizonte, até que, enfim, enxergou. Lá estava Santos, finalmente.

A buzina anunciava o começo da chegada. Heizo correu em direção oposta a todos os que vinham ver a boa nova. Estava ansioso e queria arrumar a mala para encontrar Wataru e seus pais. Eles iriam desembarcar juntos e partir para a fazenda Leopoldina - um nome impossível de ser pronunciado, já que o fonema "L" não existe no vocabulário japonês.

— Que dia é hoje? — perguntou ao pai de Wataru, Yoshitaro.

— Taisho 2, 26 de abril. Ou talvez devêssemos nos acostumar com o calendário ocidental. Hoje é 26 de abril de 1914.

木

Exausto e faminto, Heizo esperou a família postiça ser chamada pelo oficial de imigração. O hangar do Porto de Santos era grande, e as famílias se apresentavam uma a uma, dando seus nomes e recebendo instruções para a próxima etapa. Alguns eram enviados para uma fazenda diferente da originalmente planejada, o que fez Heizo temer que nunca recebesse cartas dos pais.

Quando chegou sua vez, Yoshitaro entrou na frente do grupo e deu todas as informações solicitadas pelo oficial, que falava japonês, para felicidade deles. Foram encaminhados para um trem que os levaria primeiro a um albergue localizado em São Paulo, a oitenta quilômetros dali, antes de partirem para as fazendas. Mortos de fome, aceitaram a primeira comida oferecida: pão francês com linguiça frita, algo a que não estavam acostumados. Heizo devorou o alimento, enquanto os mais velhos pareciam reticentes em dar a primeira mordida. Não por acaso, a chegada ao albergue foi marcada por dores de estômago e intoxicação alimentar. Logo descobriram que não havia banheiros suficientes, novamente.

Era noite quando os imigrantes chegaram ao albergue. Foi a primeira vez que Heizo viu pessoas assim, tão diferentes dele e tão parecidos entre si. Rapidamente, aprendeu a diferenciá-los. Os portugueses conseguiam se comunicar com os funcionários brasileiros, o que lhes dava uma grande vantagem entre os demais hóspedes. Os com pele muito clara e cabelos amarelos eram, em sua maioria, poloneses e, assim como os imigrantes japoneses, tinham dificuldade para fazer perguntas simples. Todos deveriam ficar ali por um ou dois dias, mas os agentes não pareciam muito organizados nem educados. Às vezes, gritavam repetidamente com os imigrantes, como se a compreensão das frases em português dependesse do volume de suas vozes. No grande quarto lotado de beliches, os colchões eram feitos de feno e os lençóis não eram tão limpos. Ao menos o solo não estava mais quicando em mar aberto.

Para escapar do caos, Heizo caminhava pelo belo jardim em frente ao albergue e se sentava embaixo de uma jovem figueira, tentando desfrutar do silêncio, mesmo que fosse por um minuto. Embaixo daqueles galhos, pensava em cerejeiras e grãos de café, sem saber que aqueles seriam seus últimos momentos de liberdade.

木

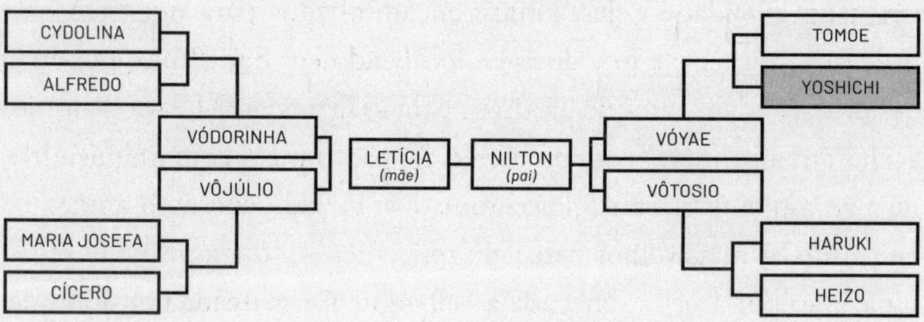

Yoshichi tinha 29 anos quando sua esposa faleceu em solo brasileiro. Ele e a filha de nove anos, a pequena Tsuga, colhiam o café soterrados em tristeza. Fazia quase um ano que haviam atravessado três oceanos em busca de um sonho que, aparentemente, nunca chegaria. As péssimas condições de trabalho e a falta de acesso à saúde tinha ceifado a vida de muitos imigrantes recém-chegados, como a da mãe de Tsuga.

Era início de maio e o calor começava a dar um descanso em Botucatu. Pelo rastro de fumaça deixado no céu, Tsuga sabia que um novo trem estava chegando à estação. A menina sorriu pela primeira vez depois de muito tempo: novos amigos, pensava.

A estação ferroviária Araquá ficava dentro de uma fazenda de café chamada Redenção, de propriedade da família do ex-governador de São Paulo, Adhemar de Barros. Era a parada principal de quem seguia para a Fazenda Leopoldina, do magnata do café Vicente Soares de Barros.

Entre os novos imigrantes que desembarcaram na estação estava o adolescente Heizo Sakai. Heizo e Yoshichi se tornariam grandes amigos e juntos fugiriam para longe dali.

木

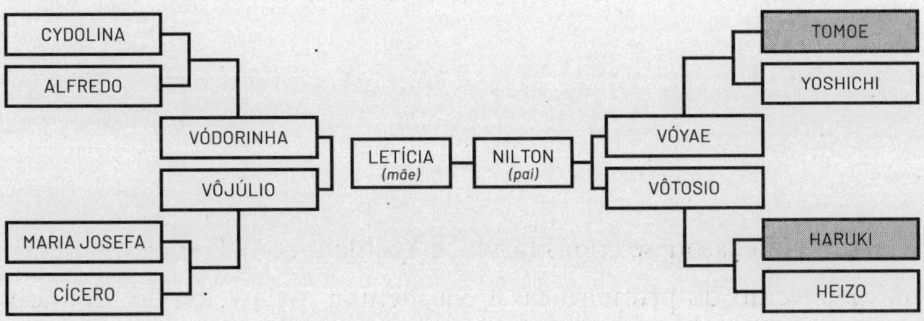

No dia 10 de maio de 1914, apenas duas semanas depois que Heizo chegou ao Brasil, duas meninas desembarcavam no mesmo porto com suas famílias. Haruki, de treze anos de idade, e Tomoe, de catorze. Elas estavam aliviadas por pisar em terra firme depois de mais de um mês a bordo do Teikoku Maru. Construído na Inglaterra, o navio era um barco a vapor projetado para transportar pessoas, por isso tinha uma estrutura decente para todos os passageiros. Elas não tiveram a mesma experiência de Heizo.

Haruki era a filha do meio: alta, magra, com cabelos escuros e lisos. Estava sempre preocupada com os outros a tal ponto que, às vezes, se esquecia de sorrir. Sua prima Tomoe era pequena, gordinha e destemida. Vivia contando piadas. Ela tinha deixado seus pais no Japão para viajar com a tia, tio e primos, sem saber quando os veria novamente. Nas cinco semanas de confinamento no navio, a amizade entre as duas cresceu e duraria uma vida inteira.

A família de Haruki, assim como a de Heizo, vinha de Kumamoto, da pequena cidade de Tamana. A vila deles ficava perto do rio, não muito longe do oceano, e era rodeada por colinas. O inverno tinha sido difícil nos anos anteriores, quando o pai decidiu se candidatar a uma vaga no programa de imigração Toyo Imin Goshi Kaisha. O patriarca Gonzo, então com 45 anos, inscreveu seu nome, o nome de sua esposa Miha e de suas filhas Sueka, Haruki e Tatsumi. De última hora, incluiu a sobrinha Tomoe, mudando naquele momento a vida da adolescente e, em efeito borboleta, a de todos os futuros descendentes.

木

Heizo casou-se com Haruki, e Yoshichi com Tomoe. O menino mais velho do primeiro casal e a menina mais velha do segundo casal se casaram e, juntos, tiveram seis filhos.

Um deles é meu pai.

CAPÍTULO 10: UMA FIGUEIRA CENTENÁRIA

São Paulo, 2019

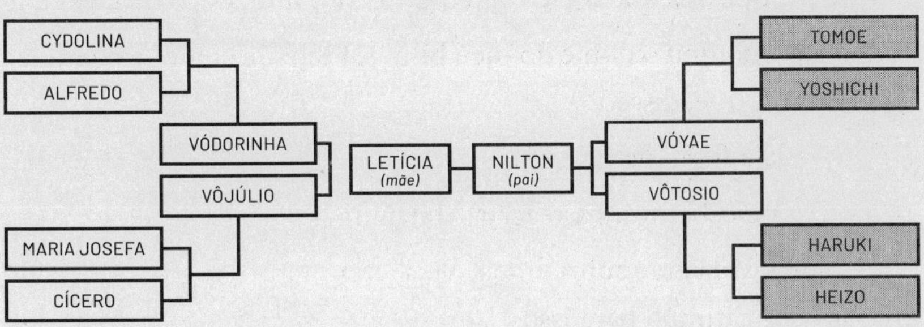

Por muito tempo acreditei que o nome da avó do meu pai era *Batian*. Foi quando ouvi uma amiga de infância, que também era nipo-brasileira, chamar sua avó de *batian* que descobri que a palavra significava literalmente "avó" em japonês. Virei motivo de piada entre os primos.

Cresci sabendo pouco sobre a história de meus ancestrais *issei* (japoneses que emigraram para outro país) ou *nissei* (filhos de japoneses nascidos no exterior). Até começar a pesquisa, eu enxergava a migração japonesa por uma lente romântica, talvez a equiparando com a minha própria, em que existiu a decisão de migrar. Isso mudou no dia em que pisei na Liberdade, o bairro japonês em São Paulo, e ouvi falar de um pequeno carimbo vermelho.

Tudo o que eu sabia até então era que meus quatro bisavós paternos nasceram em Kumamoto, no sul do Japão, e migraram para fazendas de café brasileiras nos primeiros anos do século XX. Não foi difícil levantar mais informação: o Museu da Migração Japonesa, em São Paulo, guarda registros intactos dos navios que atracaram em Santos vindos de Kobe. Foi lá que conheci o Sr. Matsuura, que localizou em uma área restrita os cadernos amarelados originais que oficializavam a entrada de Tomoe, Yoshichi, Haruki e Heizo ao Brasil pelo Porto de Santos. Mais uma vez minha ignorância se fez presente: não conseguia ler os símbolos. O Sr. Matsuura que, com paciência, tentava traduzir para mim datas e palavras, esbarrou não apenas em um japonês antigo, como, segundo ele:

— A pessoa que o escreveu estava com um pouco de pressa.

Ele apontou o nome do meu bisavô, Heizo, e como se não fosse nada importante, disse:

— Ele fugiu da fazenda.

Ao perceber minha reação, Matsuura acrescentou:

— A vida era muito difícil. Veja, eram tantos fugitivos que até criaram um carimbo para isso.

Aproximei-me das páginas com cuidado para ver de perto o carimbo em tinta vermelha. Foi a primeira vez que vislumbrei meu bisavô adolescente, provavelmente com medo, sozinho, sem saber o idioma, desacostumado ao clima, chegando a uma fazenda de café que ainda herdava condições análogas à escravidão. Tanta história de sacrifício embutida em um pequeno símbolo.

Sr. Matsuura apontava para outros *katakanas*, símbolos de um dos alfabetos japoneses:

— Esta é a fazenda para onde eles foram depois do Porto de Santos. Esta é a data de nascimento deles. Este é o número do passaporte.

Anotava tudo com medo de não me lembrar das informações que ele tão gentilmente traduzia para mim. Mas teve algo que eu não esqueceria tão cedo:

— Foi aqui que eles se estabeleceram depois que fugiram: Fazenda São Bento do Lins.

木

Nunca tinha pensado na vida dos meus bisavós dessa maneira – a cores. Minha obsessão aumentava como que para aplacar a decepção comigo mesma, ou o vazio de ignorância.

O livro *O Súdito*, do jornalista Jorge J. Okubaro, devia ser leitura obrigatória para todo brasileiro que descende de imigrantes. Ele remonta a história de Masasteru Hokubaru, um homem que chegou ao Brasil no Wakasa Maru, navio que transportou tanto Masasteru quanto Heizo Sakai. Aprendi que, em vez de uma embarcação de passageiros, eles viajaram em um cargueiro, sem cabines ou camas, com apenas quatro banheiros para 1.720 pessoas. Conta Jorge:

> Um adulto dispunha de uma área de cerca de 90 cm por 180 cm, o suficiente apenas para colocar a esteira onde dormiria e passaria toda a viagem, que, em situação normal, durava quase dois meses. Dormiam todos, homens e mulheres, adultos e crianças, sobre esteiras estendidas no chão do cargueiro, em condições promíscuas.

Banho com água doce, escreve Jorge, só duas vezes por semana. A falta de higiene combinada com a superlotação fazia do navio um ambiente propício para a disseminação de doenças. Foi durante essa viagem que Masasteru aprendeu a palavra *noomakuen*: nome japonês para meningite cérebro-espinhal, doença que se alastrou pelos conveses e matou 53 conterrâneos. A embarcação precisou ficar em quarentena em Cingapura até que as autoridades decidissem o que fazer: se deixavam os sobreviventes desembarcarem, retornarem ou seguirem viagem. Isso se arrastou por três semanas, até que Wakasa recebeu permissão para continuar rumo ao Brasil depois de uma desinfecção do navio e exames dos passageiros.

Meu pai, vendo despertar meu interesse pela história da migração japonesa, presenteou-me com o DVD da minissérie *Haru e Natsu: As Cartas que Não Chegaram*, produzida pela emissora japonesa NHK e transmitida no Brasil pela Rede Bandeirantes em 2008. A série conta a história de duas irmãs japonesas, Haru e Natsu Takakura, separadas quando a família migra para o Brasil. Enquanto Haru, a irmã mais nova de apenas sete anos, é impedida de embarcar no navio e fica para trás, a mais velha segue viagem com os pais, apenas para descobrir que o sonho da terra prometida era uma grande ilusão. Natsu testemunha como os cafeicultores exploram seus pais e os muitos outros por meio de dívidas nos armazéns locais. A série retrata fielmente a vida real: o salário abaixo do combinado e o alto preço do custo de vida – com os valores das mercadorias estabelecidos pelos próprios fazendeiros – faziam com que os imigrantes não conseguissem prosperar e concretizar o plano de retornar ao país de origem. Natsu, que havia prometido a Haru retornar em três anos, só conseguiu voltar setenta anos depois – uma história semelhante à realidade de milhões de imigrantes japoneses, incluindo Batian.

O pensador Poroiwak, pesquisador de racialização amarela e propositor do conceito de Amarelitude, lembra que, diferentemente do que ocorreu com as imigrações europeias, a exigência de pelo menos três integrantes aptos ao trabalho braçal foi exclusiva às famílias japonesas que se destinavam ao Brasil, através de um contrato desenhado pelo então Presidente do Estado de São Paulo, Jorge Tibiriçá, ou a "política das três enxadas": "A formação de 'famílias postiças' fez com que muitas pessoas amarelas hoje desconheçam suas raízes reais, dificultando o rastreio de suas origens familiares, através da adoção de outros sobrenomes no ato do embarque".

As condições precárias de trabalho que encontravam ao chegar no Brasil, além da barreira cultural, geravam uma queda brusca na qualidade de vida dessas pessoas. Na série, Shigeru, o irmão de Haru e Natsu, sem acesso à saúde, acaba falecendo na fazenda de café, levando o pai, Chuji, a tomar a decisão de fugir da fazenda para tentar a vida em outro lugar. A fuga acontece de madrugada, no breu, por entre as árvores de café, com cuidado para não chamar a atenção dos capatazes, que andavam armados justamente para impedir fugitivos.

Fugitivos.

Agências como a que trouxe meus bisavós, responsáveis por organizar o programa de trabalho em fazendas cafeeiras de São Paulo, eram financiadas pelos governos do Japão e Brasil. O acordo, porém, era uma espécie de empréstimo às famílias, que desembarcavam em solo brasileiro já endividadas. Elas eram obrigadas, contratualmente, a trabalhar nas fazendas, ao menos até quitar as dívidas, obrigação impossível de ser realizada. Na época, os imigrantes dependiam dos armazéns das próprias fazendas para subsistência, que mantinham preços inflacionados. As dívidas apenas se acumulavam. Estamos falando de uma sociedade que havia acabado de abolir a escravatura, de uma elite acostumada à exploração do trabalho para manutenção das fazendas. Os imigrantes japoneses atravessaram oceanos para encontrar uma terra sem lei, um Brasil ainda, na prática, escravocrata.

木

Da Liberdade, fui à Mooca conhecer a antiga Hospedaria de Imigrantes do Brás, que hoje é o Museu da Imigração do Estado de São Paulo. Os passageiros que desembarcavam no Porto de Santos eram trazidos de trem para este local, e depois distribuídos para as estações próximas às fazendas cafeeiras. Encontrei na base de dados os nomes de cada um dos bisavós e suas famílias, postiças ou não. A cada passo e a cada placa, meus antepassados se tornavam vívidos.

Dentro do Museu, uma exposição replicava o albergue. Em frente a mim, dezenas de beliches de ferro alinhados em filas apertadas, com colchões de palha e lençóis amarelados. Ao fundo, uma parede revestida de prateleiras de madeira e, na outra, uma parede revestida de dezenas de pequenas gavetas. Como em uma prisão.

Das janelas, vi sombras de duas meninas, uma de treze e uma de catorze anos, correndo no gramado. Um adolescente assustado, cheio de sonhos e medos, chegando sozinho a uma cidade estrangeira. Um casal jovem descendo na estação de trem com sua pequena filha, o homem sem saber que ficaria viúvo em breve.

No meio do jardim, uma figueira imponente, por certo centenária, sobrevivia ao tempo. Como uma memória enraizada que todos veem, mas não enxergam. Naquela sombra, senti o tempo passado encontrar o presente. Um lembrar de algo que não vivi, mas sempre pertenceu a mim.

木

Nos registros de chegada dos meus bisavós, um *katakana* que nem o Sr. Matsuura conseguira decifrar quase me levou à loucura. Pois estava ali, em minhas mãos, registrado em símbolos que não conseguia ler, o endereço original dos meus antepassados no Japão. Enviei os documentos ao meu primo Thiago Sakae, que estava aprendendo japonês. Mas nem ele nem sua professora conseguiram desvendar os caracteres.

— São dois os problemas: além de ser um *katakana* antigo, o documento foi escrito aos garranchos — disse Thiago, derrotado.

Pedi ajuda à minha amiga de infância, Tatiane Watanabe – aquela que também chamava a avó de Batian. Sua mãe falava japonês e sua tia era bastante ativa na comunidade nipo-brasileira. As duas compartilharam o mistério com todos os conhecidos. Absolutamente ninguém conseguiu decifrar o que estava escrito.

Meu pai enviava a imagem a parentes e amigos mais velhos na esperança de que talvez pudessem entender aquelas palavras. Meu irmão tentava um aplicativo de celular que traduz imagens, enquanto eu estudava os muitos tipos de *katakana*. Foram meses de tentativas sem resposta. Até que resolvi postar no Reddit, uma comunidade online de discussão que havia se tornado uma das redes mais acessadas do mundo. O fórum é organizado por categorias e os posts são destacados de acordo com votos de popularidade recebidos pelos usuários. Dentro desse universo, existe uma área inteira dedicada a traduções impossíveis.

Com tom de emergência – porque minha curiosidade estava me matando –, postei o pedido em caixa alta, com um toque de sensacionalismo:

> POR FAVOR, ME AJUDEM A IDENTIFICAR DE ONDE YOSHICHI É E DO QUE SUA ESPOSA, UMI, MORREU.

Yoshichi, ou Yoshiti Takahara, um dos meus quatro bisavós japoneses, migrou com a primeira esposa aos 28 anos de idade, de acordo com o registro de imigração. O Sr. Matsuura já tinha me dito que ao lado do nome Umi havia uma marcação que significava que ela havia morrido. Ali, decidi que eu *precisava* descobrir se a esposa havia morrido em consequência da falta de acesso à saúde nas fazendas cafeeiras, como o irmão de Haru e Natsu na série de TV.

Depois de alguns dias, a usuária *Shinyeefi* me respondeu:

> Este documento não declara do que ela morreu. Apenas tem um carimbo escrito 'falecida', e no campo endereço parece que diz, em letras vermelhas, quando ela faleceu. Isso é bem difícil de ler, mas acho que diz 大正九年四

> 月九日死亡 (faleceu no nono ano da era Taisho (1920), no quarto mês, nono dia).

Sentia a adrenalina correr nas veias a cada nova pequena descoberta. *Shinyeefi* continuou:

> O endereço parece ser 熊本県玉名郡築山村大学築地二二七七 (Kumamoto-ken Tamana-gun Tsukiyama--mura Daigaku Tsuiji 2277). A vila Tsukiyama parece não existir mais.

Algumas semanas de espera, e novos comentários surgiram como resposta ao post de *Shinyeefi*. Assim dizia *Wildrovings*:

> Acabei de fazer uma pesquisa rápida por Tsukiyama e definitivamente ainda há uma [Tsukiyama] em Tamana, Kumamoto. Pode ser que a vila de Tsukiyama tenha se tornado parte de uma cidade maior? Há uma agência de correios e uma escola primária chamadas Tamana Tsukiyama.

Ao que *Agehaya* respondeu:

> Quando morei no Japão, minha cidade se fundiu com uma cidade próxima. Acredito que o que eles querem dizer é que Tsukiyama não é mais sua própria entidade autogovernada e foi absorvida por Tamana.

Kschang questionou:

> Então este documento é mais como um registro alfandegário de entrada/saída? Meio estranho eles registrarem a morte... Ou talvez não.

Ao que minha já amiga (ou amigo?) *Shinyeefi* respondeu:

> É estranho, mas o que estou supondo é que alguém (o governo ou um pesquisador individual) pesquisou pessoas que deixaram o Japão usando esses documentos de registro de viagem, se retornaram ao Japão ou ficaram lá

etc., e acrescentou informações como 'essa pessoa faleceu'. Tem de ter sido acrescentado mais tarde porque o documento de viagem é de cerca de 1913 e a mãe faleceu em 1920 (se li a data corretamente).

Resumindo, aprendi que Yoshichi morava nessa vila Tsukiyama, agora pertencente a Tamana, em Kumamoto, e que sua esposa Umi havia falecido em 1920. Tamana é uma pequena cidade costeira cortada por um rio (Kukuchi), cheia de templos budistas e fontes termais. Fica a apenas vinte quilômetros do famoso Castelo de Kumamoto – cenário de uma das maiores batalhas de samurais da história do país, liderada por Saigō Takamori (que inspirou a história de *O último samurai*) – e da Caverna Reigandō, onde o samurai Miyamoto Musashi escreveu *O livro dos cinco anéis*.

Alguns dias depois, com a colaboração de diferentes usuários anônimos do Reddit, descobri finalmente os endereços originais de todos os meus bisavós:

> Heizo: Kumamoto-ken Tamana-gun Yatomi-mura (Ooaza) Iwasaki 863-banchi.
>
> Haruki e Tomoe: Kumamoto-ken Tamana-gun Konoha-mura Ooaza Yamaguchi 274-1.
>
> Yoshichi Takahara: Kumamoto-ken Tamana-gun Tsukiyama-mura Ooaza Tsuiji 2277.

Em seguida, havia um comentário tão misterioso (para mim) quanto o *katakana* antigo. O usuário *DarwinianThunk* dizia:

> Provavelmente 大学(daigaku)→大字(oaza)

Perguntei o que ele(a) quis dizer. Lá veio *Shinyeefi* ao meu socorro:

> É o nome do bairro. Geralmente, endereços no Japão são formatados da seguinte maneira: prefeitura > cidade ou distrito > parte da cidade ou da vila > bairro > número da casa. Então o nome do bairro era 大字築地

(Ooaza Tsuiji). Olhando no Google Maps, parece que ainda existe um lugar chamado Tsuiji (築地) na cidade de Tamana, então provavelmente é perto disso.

Joguei no Google e encontrei imagens do Renge-in Tanjō-ji (蓮華院誕生寺), um prédio avermelhado com telhados encaixados um em cima do outro, como camadas em forma de saias pontudas. Em vez de paredes, pilares. Renge-in Tanjō-ji era um templo budista, destruído em 1581 durante a guerra e reconstruído em 1930. Aprendi que nesse local, em 1073, nasceu o pequeno Koen, que se tornou um famoso monge budista. Conta a história que, aos 73 anos de idade, quando atingiu o nirvana, ele se tornou um dragão.

Sem nunca ter pisado no Japão, tive a sensação de conhecer aquele prédio. A visão que se formava dentro de mim era de dentro para fora, como se já tivesse estado entre aqueles pilares olhando para o horizonte. Uma sensação que até hoje me assombra.

CAPÍTULO 11: O SILÊNCIO DAS ROSAS

Curitiba, Paraná, 1957

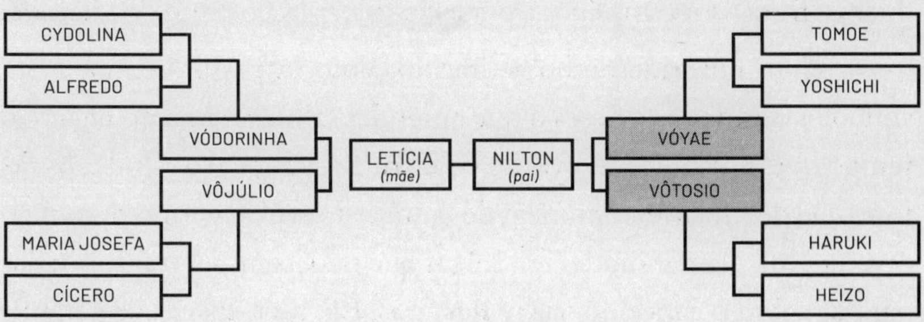

Vóyae estava colhendo tomates em um dia de frio quando ouviu seus três filhos gritando pelo seu nome. Algo não estava certo. Ela atirou a cesta de tomates ao chão e correu pela chácara em direção às crianças. Seus olhos varriam a paisagem em busca do marido, o Vôtosio, da sogra, Haruki, e do cunhado, Mário.

— Mário — sussurrou para si mesma depois de ver Haruki e Tosio ao longe, também correndo em direção às crianças. — Onde está o Mário? — dizia agora aos gritos.

Vóyae foi a primeira a chegar. As crianças estavam paradas em frente ao barraco em que Mário, o irmão adolescente de seu marido, morava.

— O tio não está respirando — disse uma das crianças.

Haruki, mãe de Mário, e Vôtosio, irmão, entraram no barraco. Um pranto invadiu a chácara. Mário tinha morrido asfixiado por monóxido de carbono, cercado de aquecedores a carvão e caixas de mudas de plantas.

木

O inverno de Curitiba era rigoroso. As chuvas de granizo típicas da estação eram um risco para os agricultores, que planejavam as colheitas para antes da mudança de tempo. O problema para aqueles que plantavam tomates, como Vóyae e Vôtosio, era que todas as chácaras colhiam a fruta na mesma época, o que desvalorizava o preço de mercado.

Com um caderninho a tiracolo, Vôtosio passou a anotar em símbolos miúdos japoneses o que aprendia sobre o clima do lugar e o tempo que uma muda levava até virar fruta madura. Ao estudar os fatores, ele desenvolveu um meio de cultivar tomates mesmo durante o inverno: iria plantar mudas em caixas que pudessem ser transportadas para um abrigo aquecido nas noites frias. Ele teria apenas de garantir que, para sobreviver ao inverno, os pés de tomate estivessem na fase de germinação, tamanho pequeno o suficiente para ser transportado no braço. Tinha tudo para dar certo.

Com a ajuda do irmão Mário, Vôtosio construiu um galpão de madeira. De noite, eles colocavam as mudas nesse espaço e acendiam ao redor delas aquecedores, que eram latas de metal contendo carvão e querosene. Pela manhã, os dois devolviam as mudas ao ar livre, para garantir que elas recebessem luz do sol.

Naquele primeiro ano, conseguiram um grande feito: colher tomates na entressafra. Os horticultores foram pegos de surpresa. Na

Ceasa de Curitiba, a notícia se espalhou: o fazendeiro japonês (que era, na verdade, brasileiro) tinha tomates maduros quando nenhum outro agricultor tinha. O dinheiro finalmente chegou. Vôtosio comprou uma fazenda de seis alqueires, um caminhão novo, um trator, alguns cavalos e novas sementes. No ano seguinte, a demanda foi tão alta que tiveram de expandir a produção.

No terceiro inverno, o galpão havia se tornado pequeno para tantas mudas. Então, em uma dessas noites frias, Mário resolveu trazer algumas caixas para o seu quarto, que ficava em um barraco construído ao lado da grande casa. Para garantir que elas sobrevivessem, ele levou junto alguns aquecedores à base de carvão.

Ele não sabia que a queima transformava oxigênio em monóxido de carbono.

Mário dormiu para nunca mais acordar.

木

A morte repentina de Mário devastou a família, especialmente o irmão Tosio, que se sentia culpado. Vóyae tentava permanecer forte, na medida do possível.

Curitiba era para ter sido um recomeço. O casal havia migrado há pouco tempo da cidade de Albuquerque de Lins, em São Paulo, hoje chamada apenas de Lins, para fugir da violência contra *nikkei*s[8]. Era um período difícil no Brasil: o pós-guerra e os tempos de nacionalismo imposto pela Era Vargas. Falar línguas estrangeiras como italiano, alemão e japonês era proibido em alguns lugares. O governo, inclusive, tornou ilegal dar aos cidadãos nascidos no Brasil nomes estrangeiros, o que ia de encontro à cultura dos imigrantes japoneses, que batizavam crianças com dois nomes próprios: um brasileiro e

---

[8] Descendentes de japoneses nascidos fora do Japão ou japoneses que regularmente moram no exterior.

outro japonês. Quando Vôtosio foi registrar seu filho mais velho, foi proibido de usar o nome que tinha em mente: Mamoru.

Ao mesmo tempo, no interior do estado de São Paulo, teve início um movimento de soldados independentes que se recusava a acreditar que o Japão havia perdido a guerra, autointitulados *Shindo Renmei*, ou Liga do Caminho dos Súditos. Aqueles, como Vóyae, que acreditavam na derrota eram denominados por eles de "corações sujos" e eram alvo de violência. O movimento acabou assassinando 23 *nikkeis* e ferindo outros 150.

木

Vóyae, nascida e criada no Brasil, sempre foi vista e tratada como uma estrangeira. Prosperar durante a ditadura militar nacionalista, cujo slogan era "Brasil: Ame-o ou deixe-o", era perigoso. Ela sentiu o ódio contra a cultura de sua família quando se mudaram para um bairro predominantemente branco em Curitiba. As crianças, cuja língua materna era o japonês, sofreram para se adaptar à nova realidade. Elas foram estudar em um colégio interno católico e logo aprenderam a reprimir o sotaque num esforço para se sentirem integradas.

A decisão de se mudar para a cidade tinha vindo de Vôtosio, cujo gosto por plantar tomates havia desaparecido após a morte de Mário. Depois de comprar uma casa, ele alugou um espaço no Mercado Municipal de Curitiba, onde montou um pequeno armazém chamado Paraíso das Sementes.

Em todas as datas comemorativas, os clientes perguntavam se eles vendiam flores. Vôtosio começou então a busca pelos melhores produtores de flores do país. Da antiga Ceasa, de São Paulo, foram trazidas rosas. Vasos de plantas ornamentais vieram de Campo Comprido e cravos, de Quatro Barras. Um senhor de Farroupilha, no Rio Grande do Sul, trazia maravilhosas mudas de árvores frutíferas que foram um sucesso. Àquela altura, Vóyae, que trabalhou durante oito gestações, três das quais não foram levadas a termo, estava prestes a dar à luz o sexto e último filho.

Os negócios cresceram: Vóyae e Vôtosio compraram um caminhão Mercedes Benz L608 e alugaram mais dois espaços no Mercado Municipal – uma floricultura, que ficou a cargo dos filhos mais velhos, e uma loja de vasos gerenciada pela mãe de Vôtosio, Haruki.

De seu contador, seu Macedo, Vôtosio recebeu a ideia de comprar um lote do outro lado da rua do mercado para construir um pequeno hotel. Ele próprio havia construído um hotel que funcionava bem. Vôtosio vendeu a maior parte da chácara para uma construtora de Curitiba e com o dinheiro começou a construir um hotel de arquitetura japonesa.

木

Vóyae estava enfeitando um buquê quando recebeu uma ligação de casa aos prantos, era Roberto, o quinto filho. "De novo não." A algazarra do mercado emudeceu em seus ouvidos. Ela conseguia ouvir o próprio coração.

Tosio estava morto.

Era um final terrível para um ano que já havia sido verdadeiramente trágico.

A razão por trás de sua morte foi mantida em segredo. Um segredo que se tornou um peso carregado por cada um de seus filhos. Uma história que precisava ser contada.

CAPÍTULO 12: O ENCONTRO DE FAMÍLIA: SEGREDOS QUE CURAM

Itapirubá, Santa Catarina, 2019

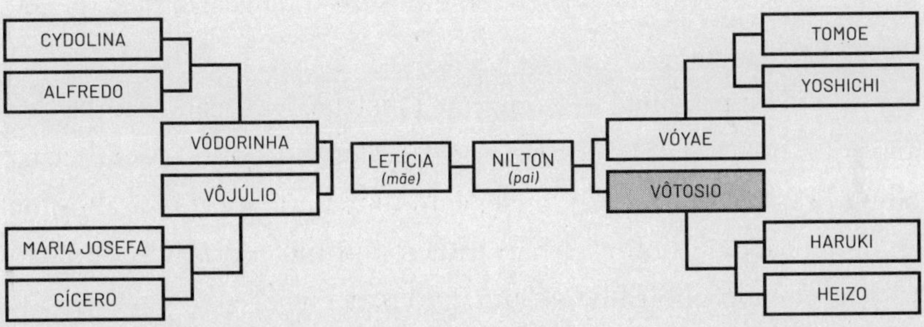

Oito crianças descalças corriam com picolés de chocolate derretendo nas mãos. Aos gritos e gargalhadas, com as pernas curtas empanadas de areia da praia. Mas não me importava com o caos. Era verão, minha estação favorita.

Estávamos em Itapirubá, no sul de Santa Catarina, na casa de Tiossérgio, o irmão caçula do meu pai. A casa, apelidada maliciosamente de “Tintim no Oidô”, ficava a alguns metros do mar e tinha sido o destino escolhido para um encontro da família Sakae. O último tinha acontecido vinte anos antes, quando a Vóyae e Tiorroberto ainda estavam vivos. Agora os irmãos sobreviventes - Tiorlando, Tiatoshie, Tihelena, meu pai e Tiossérgio - se reuniriam novamente, cada um com seu clã.

Meu corpo lutava para se acostumar à temperatura que ultrapassava os 40ºC. Eu havia acabado de chegar dos Estados Unidos, que, àquela altura, passava por um dos invernos mais rigorosos da sua história. Mesmo assim, não me importava. Estavam todos felizes. Fiquei ansiosa quando lembrei da pasta azul de pesquisa no porta-malas do carro. Raramente via meus tios, então sabia que aquela era a oportunidade perfeita para entrevistá-los.

Comecei perguntando sobre memórias boas da infância. Engana-se quem pensa que minha família nipo-brasileira era quieta, comportada. Eram barulhentos, festeiros, adoravam pregar peças uns aos outros. Quando se sentavam na varanda ao meu lado, um a um, faziam questão de delatar meu pai e ilustrar uma versão dele que eu desconhecia:

— Um pestinha! — começou Tihelena. — Quando tinha dez anos, fez uma bombinha caseira e guardou no bolso. — Tihelena olhou brava para meu pai, e ele, como uma criança que acabou de aprontar, baixou os olhos. Meus irmãos e primos, comendo camarão frito e bebendo caipirinha, se juntaram para ouvir.

— Naquela época, os fósforos tinham pólvora — contou alto. — Eles tinham a capacidade de serem acesos com qualquer simples atrito. Ele esqueceu que dentro do bolso já havia alguns fósforos...

O tom de Tiahelena estava agudo e seus olhos denunciavam o desejo de atirar um chinelo nele. — A bombinha explodiu na perna dele! — gritou indignada.

Para desespero de Tihelena, meu pai e tios caíram na gargalhada. As crianças, querendo fazer parte, imitavam forçosamente o riso, arrancando ainda mais gargalhadas. Ela não achou graça. Olhei para meu pai, incrédula, e pensei no trabalho que Tihelena teve como cuidadora dos caçulas. A história lhe custou uma mancha na perna, que até aquele momento eu acreditava ser de nascença.

Tiatoshie lembrou com saudade de Tiorroberto. Junto com meu pai, os dois eram o terror da vizinhança. Um dia, ainda criança, Tiorrroberto descia de bicicleta uma lomba quando perdeu os freios. Acabou atravessando a vitrine de vidro de uma loja conhecida e, pela reação dos tios, que novamente caíram na gargalhada – com exceção de Tihelena –, não tinha se machucado.

Passamos a tarde ouvindo histórias gostosas de uma época muito diferente de hoje. Quando a tarde caiu, notei Tiorlando folheando minha pasta azul. Sentei-me ao lado dele, como que aguardando por alguma história que pudesse me ajudar. Ele parou na certidão de óbito do Vôtosio, apontou para a causa da morte – ataque cardíaco – e sussurrou:

— Você sabe que isso não é verdade, não sabe?

木

Vôtosio tinha 53 anos quando comprou o terreno em frente ao Mercado Central, na rua Atílio Borio, no Centro de Curitiba. Ele estava pronto para construir um hotel de quatro andares, com arquitetura japonesa, em um bairro que crescia rapidamente. A essa altura, Vôtosio tinha uma chácara, uma floricultura, um armazém e estava prestes a se tornar dono de um hotel. A construção foi tomando forma rapidamente, e vislumbres de como seria o prédio começaram a surgir.

Um dia, Vôtosio foi informado de que devia uma quantia enorme de impostos à cidade. Um fiscal da Receita Federal teria passado na floricultura e tentado cobrar propina, acusando Vôtosio de sonegação de impostos, e Vôtosio o teria denunciado. Para surpresa de todos, com a denúncia, Vôtosio foi preso.

木

Tiorlando ainda esperava minha resposta. Tiahelena levantou--se chateada e se afastou. Eu entendi que seria uma conversa difícil.

Tiorlando nos contou que Vôtosio cometera suicídio, um segredo que ele guardava fazia quarenta anos. Procurei pelo meu pai na varanda em busca de apoio ou acolhimento, não sei ao certo, mas não o encontrei. Ao meu lado estava a Tiatoshie, que parecia impactada com o testemunho. Me perguntei se ela estava ouvindo sobre a morte de seu pai pela primeira vez ou se estava revivendo os detalhes daquela morte trágica. De qualquer forma, pensei em quão corajosa era ela por continuar ouvindo. Ela demorou alguns minutos para conseguir falar:

— Não acredito que você sabia — ela enxugou as lágrimas teimosas. — Achei que só eu sabia…

Tiatoshie nos contou como foi difícil assumir o fardo de carregar tal segredo enquanto estava grávida. Foi nesse momento que meu pai apareceu, não sei se ao acaso, ou se quando sentiu que conseguia falar.

— Eu também não sabia que você sabia — ele desabafou.

Tiorlando e meu pai, que eram estudantes de medicina na época, descobriram a causa da morte assim que chegaram ao hospital. Por serem os homens mais velhos, decidiram guardar a informação para poupar os irmãos. Não sabiam que Tiorroberto, que havia encontrado Vôtosio sem vida, encontrou junto ao corpo restos de veneno.

木

Vôtosio ficou encarcerado na prisão municipal situada a poucos quilômetros de distância da filha mais velha, a recém-casada e grávida Toshie.

— Eu ia visitá-lo todos os dias de ônibus, com minha barriga enorme, para levar comida — contou ela.

Sem provas legais contra ele, Vôtosio foi solto duas semanas depois. Porém passou a viver com o fardo da prisão e, profundamente envergonhado, afogou-se em depressão.

— Ele vivia com medo terrível depois que tudo aconteceu — contou meu pai. — Chegou a comprar uma arma, temendo que alguém viesse atrás da família.

Em 12 de abril de 1977, mergulhado em profunda tristeza, Vôtosio tirou a própria vida.

木

Olhei com compaixão para Tiatoshie, Tiorlando e meu pai. Jovens, eles seguraram aquele fardo pesado.

Meu pai olhava para mim preocupado, com receio do impacto de saber que meu avô cometera suicídio. Mas algo em mim ficou leve. Passei a compreender meu pai de uma maneira que antes não conseguia. Onde antes enxergava tristeza, agora via uma força emocional extraordinária. Meu pai e tios eram sobreviventes de uma grande perda. Pensei no querido Tiorroberto encontrando o pai sem vida. Tiorroberto tinha apenas dezenove anos.

Eu costumava ter raiva de Deus, do universo, da vida pela quantidade de dor física que Vóyae precisou suportar na última década antes de morrer. Depois de três derrames, Vóyae viveu com metade do corpo paralisado, além de ter sido diagnosticada com Alzheimer. Agora via, pela primeira vez, que o esquecimento deixado pela doença era uma pequena benção para seu coração partido.

O choro, naquela tarde, foi de dor e de alívio.

Aquela era, agora, uma dor compartilhada.

CAPÍTULO 13: A PSICÓLOGA E O MÉDICO

Cotaxé, Espírito Santo, 1979

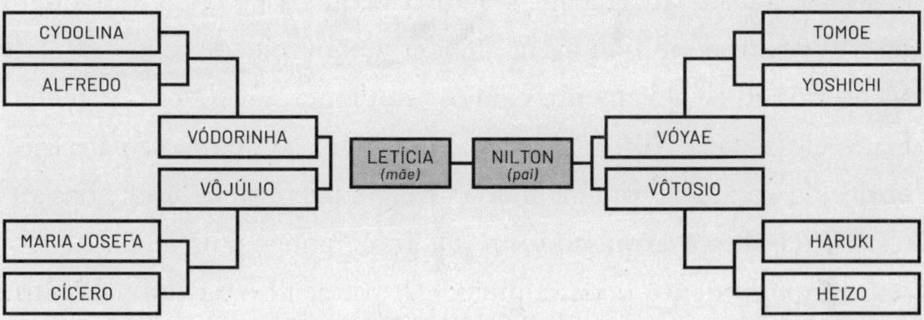

Era o início do verão de 1979. Florianópolis transbordava umidade e chuva. Numa travessa no alto da avenida Rio Branco, na rua Dom Joaquim, um pequeno edifício da Universidade Federal de Santa Catarina sobrevivia ao *boom* imobiliário do centro da cidade. Era dia de treinamento dos estudantes que participariam do Projeto Rondon.

A estudante-coordenadora Maria Letícia observava o grupo para recrutar os que iriam com ela prestar serviços a uma comunidade no interior do Espírito Santo. Aos 24 anos, Letícia cursava o primeiro ano da faculdade de Psicologia, seu segundo curso de graduação na

UFSC. Ela adorava estudar e liderar. Dentre os estudantes, escolheu dois do curso de Medicina, duas de Letras, um da Biologia, um de Odontologia, duas de Educação Física, uma de Educação Artística, um de Bioquímica, uma de Enfermagem e um de Agronomia. Sob o forte calor de dezembro, conversou com o grupo sobre os possíveis desafios da realidade que estava prestes a encarar: a miséria do Brasil rural durante a ditadura militar.

De Florianópolis, o ônibus partiu rumo ao Espírito Santo carregando treze estudantes com hormônios à flor da pele. Passou por Curitiba, São Paulo e Rio de Janeiro para, finalmente, chegar a Cotaxé, no distrito de Ecoporanga, quase 56 horas depois. Nas roupas e cabelos dos passageiros, a influência da cultura *hippie* que marcou a década de 1970.

O grupo de forasteiros chegou à pequena cidade completamente exausto. Instalaram-se numa pequena escola, a três quilômetros do local em que iriam atender a comunidade. Duas salas de aula serviram de alojamento para os estudantes, divididos por gênero. Entre eles estava Nilton Shigueo, um estudante de medicina magro, óculos de grau, que fora incluído na viagem de última hora. Dias antes, Letícia havia expulsado um dos integrantes, pois julgava que o seu comportamento poderia prejudicar o trabalho da equipe. Nilton entrou no seu lugar.

Para os estudantes, vindos de um estado com alto IDH, a realidade foi um choque. Era a primeira vez que testemunhavam a fome e a ausência absoluta de saneamento básico. No centro da pequena cidade, porcos se misturavam às crianças, que andavam descalças em meio à sujeira. Os universitários logo entenderam que mais do que tratar a população, precisavam solucionar a falta de acesso à água potável. Depois de algumas ligações telefônicas, conseguiram uma grande doação de filtros e instalaram-nos pela comunidade. Quando retornaram às casas, no dia seguinte, encontraram a peça principal do purificador – o filtro de fato – removida. A reclamação principal era que a peça fazia com que a água custasse a descer. O trabalho foi então redirecionado para campanhas de conscientização das consequências da água contaminada.

Enquanto os estudantes de Letras treinavam professores e o de Agronomia construía um jardim comunitário, os de Medicina sofriam com a falta de instrumentos e medicamentos que pudessem ajudar a comunidade. O livro *Onde Não Há Médico*, do americano David Werner, virou a bíblia dos futuros médicos. Werner escreveu o livro depois de ter passado por um projeto de voluntariado semelhante no oeste do México, em 1970.

Uma vez, uma criança foi levada para os voluntários com uma picada de cobra no tornozelo. Os pais choravam em desespero, enquanto outros parentes imploravam aos estudantes para que salvassem o menino. Sem soro antiofídico, Nilton temia que fosse assistir à morte de uma criança pela primeira vez. Por sorte, um tio chegou com a cobra morta em suas mãos e constataram que ela não era venenosa. O susto fez com que Nilton estudasse o livro de Werner ainda mais a fundo.

Numa tarde insuportável de calor, Letícia cuidava da recepção quando um pai chegou com seu filho de oito anos de idade, semimorto, nos braços. Dessa vez, sem picada de cobra. Os estudantes de medicina estavam no local, mas por algum motivo Letícia correu com a criança nos braços e a entregou para o último aluno convocado.

— Eu era apenas um estudante — lembra Nilton. — Pense nas infinitas possibilidades de diagnóstico e o que um erro poderia causar naquela criança.

木

Essa era uma história que eu não sabia que precisava escrever. Como filha de um divórcio, enxergava o casamento dos meus pais por seu fim. Minha memória estava marcada pelas cicatrizes emocionais das brigas que infelizmente testemunhei. Mas o momento de revisitar a história havia chegado, e não me sentia preparada para resgatá-la. Talvez porque minha única fonte de informação possível era meu pai, por quem guardava um certo ressentimento daquela época. E não minha mãe, com quem eu conversava sobre tudo. Acho que no fundo temia ver nos olhos do meu pai qualquer sinal de raiva em relação a minha mãe. Temia que meu ressentimento aumentasse.

Quando começamos a entrevista – por vídeo, eu de Los Angeles, ele de Criciúma, cidade do sul de Santa Catarina – e pedi que contasse como foi que ele havia a conhecido, seus olhos brilharam. Sua postura mudou e posso jurar que em frente a mim já não era mais um senhor marcado pelas muitas perdas, mas um jovem de 23 anos com a vida pela frente. Pela primeira vez, o enxerguei como era antes de tudo acontecer.

木

A intuição de Letícia estava certa. Foi Nilton quem deduziu que o menino, cuja pele se mostrava branca como papel, estava desidratado e à beira da morte. Sem soro fisiológico disponível e longe demais do hospital mais próximo, o estudante preparou um soro caseiro com água, sal e açúcar. Com uma colher, pacientemente nutriu o menino por quase duas horas até que finalmente a criança voltou à sua cor normal.

木

Acho que minha mãe sabia que ia morrer. Acho que eu também sabia que ela ia morrer. Desde que havia pisado no hospital de Porto Alegre, lá em 2013, semanas antes do dia fatídico, conversamos quase sem parar, manhã, dia e noite, até o dia em que ela foi levada para a UTI. Com a voz fraca, o corpo cansado, a pele escurecida pelo excesso de medicamentos e quimioterapia, minha mãe contou histórias que eu nunca tinha ouvido. Nunca contei para meu pai, mas ela me confessou que quando viu o menino ressuscitado em Cotaxé pelas mãos dele, se apaixonou. No caos de sua morte, acabei esquecendo a confissão até entrevistar meu pai.

O mês terminou e os estudantes voltaram para casa afetados pela realidade. A miséria era tão grande que tinham a sensação de que o trabalho que haviam feito não tinha sido suficiente. Letícia formou-se em Psicologia e foi trabalhar com adolescentes em situação de risco na extinta Fundação Estadual para o Bem-Estar do Menor, a Febem. Lá, criou uma teoria: quando a criança se rebela, o que ela precisa é, muitas vezes, de um abraço. Seus colegas contavam a história do menino Franke, uma criança com acessos de fúria, aparentemente, gratuitos. Minha mãe sabia que ele havia testemunhado o assassinato de sua família a sangue frio por seu próprio pai. Um dia, Franke a ameaçou com uma faca de cozinha e minha mãe, dizem, contornou a situação com um abraço. Nilton especializou-se em Pediatria e passou quase trinta anos atendendo crianças no posto de saúde da comunidade mais vulnerável da cidade de Criciúma.

Os dois começaram a namorar naquele verão, quando retornaram de Cotaxé. Casaram-se no ano seguinte. O resto é história.

木

Meu pai foi o último a se despedir de minha mãe. Não trocou palavras. Entrou na UTI em silêncio, saiu em prantos.

— Pai, tu conseguiu falar alguma coisa?

Ele devolveu um murmúrio engasgado de lágrimas que jorravam por debaixo dos óculos. Pensei nas muitas palavras não ditas por ele ao longo da vida e no peso que carregava por isso. Pensei na única vez que me disse "eu te amo" e em o quanto aquilo impactava nossa relação. Seus ombros curvados, seus desvios de olhar, suas ausências.

— Ao menos disse que estava ali?

Ele balançou a cabeça com pesar. Não.

Estávamos eu, ele e meu irmão mais velho, os três na antessala da UTI. Éramos três crianças diante da grandiosidade trágica da morte. Eles encaravam a bruta realidade pela primeira vez, impactados pelos muitos fios, máquinas e enfermeiros que envolviam o corpo frágil de minha mãe. Já eu, havia entrado na UTI uma centena de vezes, me despedido outra centena, acolhido mais outra centena de choros. Ver meu pai e meu irmão chorando, porém, quase destroçou os últimos fiapos de resiliência que restavam. Eu ainda tinha uma missão a cumprir. Pedi licença, entrei na UTI uma última vez, com a tarefa de vocalizar as palavras não ditas de meu pai. Peguei na mão dela e contei que o pai esteve ali. Que ele a amava. Que ele se arrependia. Que ele cuidaria dos filhos. Que ela poderia ir despreocupada. Que ia ficar tudo bem. Que ele não iria nos deixar sozinhos. Adeus.

Voltei para a antessala e retornei à posição de filha.

Minha mãe morreu poucas horas depois.

木

Meu pai cumpriu a promessa que fiz à minha mãe. Ele esteve ao meu lado quando recebi o telefonema fatídico, quando contamos para minha irmã que a mãe havia partido, quando fizemos o trajeto interminável entre Porto Alegre e Florianópolis, onde ela seria enterrada, quando o corpo chegou ao cemitério. Ele ajudou a carregar o caixão ladeira acima.

Sempre ausente, meu pai, ali, se fez presente.

Depois de mergulhar na sua história, entender seus sofrimentos, sentir suas perdas, decidi que, de todos os ressentimentos, nenhum deles entraria aqui. Não porque acredite que as sombras não façam parte da história. Mas porque entendi que não tem a ver com perdoar os pais, mas com enxergá-los.

PARTE 3: FILHA

"Ironicamente, depois de vasculhar os cantos distantes do planeta em busca de respostas, descobri que os maiores recursos de cura já estavam dentro de mim esperando para serem escavados."

Mark Wolynn em *Não começou com você*

CAPÍTULO 14: A VINÍCOLA DE PEDRA

Açores, Portugal, 2019

"Arrependimento" era uma palavra incapaz de definir o sentimento daquela véspera de Natal fria e solitária. Eu estava exausta. Havia pegado o trem de Varsóvia para Viena, embarcado em um avião para Lisboa e passado a noite nos bancos frios de metal do aeroporto. Faminta, peguei enfim o voo para Ponta Delgada, a principal ilha do arquipélago de Açores, localizado a 1.400 quilômetros da costa portuguesa.

Aquele ainda não era o meu destino. Não havia um voo direto do continente que me levasse à pequena ilha aonde queria ir: o lugar que minha oitava geração de avós havia deixado trezentos anos atrás a bordo de um barquinho, rumo a uma ilha subtropical, no sul do Brasil, chamada Nossa Senhora do Desterro.

Como o mar do inverno não era apropriado para navegação, as balsas que conectavam as ilhas estavam desativadas. Precisei esperar 24 horas para pegar um avião a hélice ridiculamente pequeno com muitos jovens a bordo: "Deus não vai matar um avião cheio de crianças na véspera de Natal", pensei.

木

Aterrissei no aeroporto de manhã cedo. Caía uma chuva torrencial, daquelas que não permitem que se enxergue uma vivalma por trás da cortina d'água. Abri o aplicativo de transporte e descobri que a empresa não operava na ilha. No saguão principal havia quatro pequenas lojas, uma delas aberta. Fiz contato visual com a única atendente, implorando para que ela aguardasse eu usar o banheiro e, depois, me ajudasse a planejar o próximo passo. Quando retornei, como temia, não só todos os passageiros haviam sumido como também a funcionária.

— Feliz Natal — disse para mim mesma.

Vi um telefone público enferrujado no canto. Peguei minhas malas e me movi lentamente, como que para postergar uma possível constatação de que passaria o Natal no aeroporto. Havia um pedaço de papel pendurado próximo ao telefone listando os taxistas da região. Liguei para os números, um por um, até que alguém atendeu.

— Consigo estar aí em quarenta minutos — ele disse em português europeu.

Chorei enquanto refletia sobre a combinação do meu comportamento impulsivo com a obsessão por aventuras. "Estou velha demais para isso", pensei em *loop* por quarenta minutos enquanto a chuva destruía os galhos mais fracos das árvores. Ainda debatia a possibilidade de pegar um avião de volta quando o taxista chegou.

Desembarquei do táxi em um pequeno ponto de ônibus sob olhares atentos de açorianos que reconheciam, inegavelmente, uma turista. Protegia-me da chuva com uma jaqueta insulada, enquanto equilibrava uma mochila pesada nas costas e puxava uma mala de rodinhas.

— *Esse telhado é pra tolos* — disse uma das cinco senhorinhas que aguardavam o ônibus, com um sotaque bonito que soava familiar para mim. — *Mal dá pra proteger os córneos.*

Ri pela primeira vez desde que tinha deixado a Polônia. Os modos dela eram como os da ilha onde nasci: uma sinceridade afiada que poderia soar, para alguns, como falta de delicadeza. Poucos brasileiros compreendem a cultura e o senso de humor peculiar dos manezinhos, como são chamados os nativos de Florianópolis. Para nós, aquele tipo de abordagem era sinônimo de cordialidade. Senti-me em casa.

— *O que tu tás fazendo no meio do nada, querida?* — ela me perguntou, enquanto seus olhos me varriam dos pés à cabeça. Sem saber como explicar, respondi:

— Passando férias.

Eu e as senhorinhas embarcamos no ônibus aliviadas. Mais aliviadas com a proteção contra o vento e a chuva que pelo transporte em si. Minha condição de estrangeira transparecia a cada freada: a mala, recém-comprada, rolava corredor abaixo. Do lado de fora da janela, a paisagem embaçada me dava as boas-vindas para o que seria, pensava graças à ansiedade, o meu assassinato. Eu estava faminta e, acima de tudo, furiosa com Portugal e seus quitutes deliciosos cheios de glúten. Quando finalmente cheguei à casa que alugara, completava quase sessenta horas sem encontrar algo que meu corpo pudesse digerir.

Uma fria e pequena casa de pedra no topo de uma colina onde o vento cantava alto, acompanhado, talvez, por fantasmas. Ao chegar, me atirei na cama e dormi depois de muito chorar, esgotada pela minha terrível falta de habilidade para tomar decisões.

木

Acordei com os primeiros raios de sol, abri as cortinas e vi pela primeira vez o que tinha vindo encontrar: uma pequena vila incrustada numa colina rochosa com vista para um oceano azul claro, de leste a oeste. As casas, pequenas, apareciam quase que magicamente entre o nevoeiro da manhã. Uma estrada serpenteava a costa terminando em um velho moinho vermelho de madeira.

Peguei a jaqueta de turista e a bota de cano alto comprada em um outlet americano absolutamente ineficaz para zonas rurais. No segundo em que atravessei a porta, o cheiro de mar abraçou o meu corpo como se pedisse desculpas pela noite anterior.

Nunca havia testemunhado aquele tipo de silêncio: nenhum carro, nenhum avião, nenhuma máquina ou motocicleta, só a brisa e as ondas quebrando. Enquanto caminhava pela estrada de pedras, estudei a vila. Havia, atrás de cada uma das casas, cinco ou seis muretas cheias de galhos secos que eram, descobriria depois, parreiras "descansando" da colheita do verão passado. Não havia uma alma na rua, mas de alguma maneira não me sentia sozinha. Tinha a estranha sensação de que as pessoas me observavam de dentro de suas casas.

Cheguei na beira da costa e senti o peso das ondas gigantes batendo nas rochas. A energia percorreu meu corpo inteiro. Quão corajoso – ou desesperado – alguém precisa ser para atravessar o Atlântico na esperança de uma vida melhor?

Fiz o caminho de volta para a casa e encontrei uma cesta com vinho, leite, pêssegos frescos e pão quente. Sentei-me na varanda para comer a fruta deliciosamente amarela quando a mulher que os havia deixado apareceu. Ela queria saber se eu precisava de algo e perguntar se poderia lavar batatas recém-colhidas no jardim. Meu coração derreteu de satisfação: meu Deus, sim! Ela virou o rosto para o outro lado e chamou outra pessoa. Aquele foi o momento em que conheci um açoriano maravilhoso: o irmão caçula da mulher. Lavando batatas no meu jardim.

— Tu vais passar o Natal sozinha, querida? — ela perguntou enquanto o irmão lavava as batatas. Eu não conseguia tirar meus olhos dele.

— Sim — respondi sorrindo —, estou fugindo das festas de fim de ano.

— Bom, em algum momento tu vais precisar comer. Que tal tu vires almoçar conosco?

Apesar do meu plano de evitar contato humano, pensando bem aquele era um convite um tanto agradável. Sorri quando percebi que ela não tinha me dado seu número de telefone ou endereço. Apenas disse:

— Vou mandar alguém te buscar quando for a hora — falou, ajudando o irmão a carregar duas cestas de vime cheias de batatas frescas e limpas.

Decidi dar mais uma volta antes do almoço. Eram dez horas da manhã e ninguém tinha saído ainda, a não ser os gatos da vizinhança. O amarelo, gordo, preguiçoso, caolho; o malhado com botas de pelo branco; o filhote manhoso que parecia um tigre-bebê. Todos ronronando e jogando suas barrigas para cima quando me aproximava.

Quando retornei à casa, o arrependimento de ter dito sim para a velha senhora invadiu minha pele. Uma introvertida-extrovertida, como minha mãe me chamava. O que queria mesmo era passar o dia inteiro conversando com meus amigos felinos.

Até o irmão bonitão vir bater na minha porta.

Ele me deu um beijo em cada bochecha, do jeito português, e gentilmente tocou as minhas costas para sinalizar educadamente para eu descer primeiro a escada de pedra que saía da varanda. Ele possuía os mais lindos e, ao mesmo tempo, mais tristes olhos verdes que já tinha visto. Andamos juntos em silêncio colina acima, por não mais de dois minutos. Por alguma razão, foi o silêncio perfeito.

Entrei na casa da irmã dele com a impressão desconfortável de que a senhora estava tentando me arranjar para o irmão. Era Natal e todo mundo tinha seu parceiro: todo mundo menos eu e o irmão bonitão. Sentei-me ao lado dela. O irmão foi tomar assento do outro lado da mesa, olhando para mim de vez em quando. Tive a refeição portuguesa mais extraordinária da vida: peixe e camarão com batatas frescas, acompanhado de vinho caseiro servido numa jarra, tirado direto do barril algumas horas antes.

— Gostas de café, Juliana? — perguntou-me a senhora quando terminamos de comer. — Meu irmão caçula pode te levar para o outro lado da colina onde servem o melhor café da ilha.

Sim, por favor, irmão caçula, me leve!

— Quer ir pelo caminho mais rápido ou pelo mais comprido? — ele perguntou.

Eu sorri.

— O mais comprido, por favor.

Ele sorriu pela primeira vez. Mas só com os olhos, não com os lábios. Fomos colina abaixo pela estrada que contornava o oceano. Aproveitei o guia local para perguntar tudo o que passava pela minha cabeça:

— Como se chama aquela flor vermelha?

— Aloe Vera.

— Por que tem paredes nas videiras?

— Para protegê-las do vento.

Então ele segurou meu ombro e me virou em direção ao oeste:

— Vês como o vento atinge o seu rosto?

Eu assenti. Ele me virou gentilmente para o outro lado.

— Agora não atinge mais. É por isso que as paredes são todas na mesma direção.

Olhei para a colina: de fato, todas as paredes, e também as casas, eram construídas na mesma direção.

— E aquilo ali? — perguntei, apontando para uma árvore. — Vocês comem? — Mais cedo, naquela manhã, eu havia visto um casal apanhar as folhas e colocá-las em sacolas.

— Não — ele riu. — Nós as usamos para decorar a igreja.

— O que é aquele símbolo? — apontei para duas linhas de cores amarela e vermelha pintadas em uma pedra no canto de uma casa. — Vi isso por todo lado.

— Pelo visto você não leu as instruções na sua casa — ele disse rindo. — Isso foi feito especialmente para vocês, turistas. Se elas estão assim — ele desenhou duas linhas paralelas no ar —, significa que você pode prosseguir. Se é uma cruz, quer dizer que a rua é sem saída.

A risada mudou o rosto dele. Tão bonito. Parecia que não ria há uma década. Quando me flagrou olhando para ele, encarou o chão, timidamente, quase me implorando para não olhar. Eu podia ver as rugas nos cantos daqueles olhos verdes. Ele não sabia o quão perfeito era quando sorria.

— Quero te mostrar uma coisa — disse o moço, pegando a minha mão.

Ele me levou para o moinho de vento vermelho que era, imagino, seu lugar favorito. Se fosse qualquer outro homem, teria usado aquele momento para tentar algo. Em vez disso, olhou para o oceano e disse:

— Eu fui casado. Não deu certo.

— O que aconteceu? — Ele sutilmente ignorou minha pergunta e entendi que não estava pronto para falar do assunto.

— Depois a minha mãe ficou doente. Ela faleceu.

Acolhi aquela dor sem dizer uma palavra. Algumas vezes, o silêncio é o melhor conforto. Há algo inexplicável que acontece quando se vive um luto: você acidentalmente gravita em torno de outros enlutados. Eu conhecia aquele tipo de dor e contei-lhe a minha história.

— A dor nunca diminui — confessei, — mas a gente fica mais forte para carregá-la.

Seus olhos me imploravam por mais palavras. Porém, eu não tinha mais nada a dizer. Uma das coisas que se aprende quando se perde alguém é que as palavras erradas podem ser piores do que o silêncio. Os olhos dele se voltaram para o horizonte enquanto eu me segurava para não o abraçar.

Continuamos o caminho pela costa rochosa e nos encontramos

com meus amigos felinos. Ele quis apresentar-me, mas eu disse que já éramos conhecidos. Ele me mostrou cada canto da vila e me falou como era lindo era o verão na ilha.

— Tu és a primeira turista a vir no inverno. Volte no verão e vais ver quão extraordinário é.

Eu já estava apaixonada por aquele pedaço de terra no meio do Atlântico. Minha mente viajou para longe, imaginando crianças se banhando nas piscinas naturais que, segundo o português bonitão, se formavam no verão.

A tarde passou rápido. Ele me levou para casa e perguntou se poderia me ligar para jantarmos juntos qualquer outro dia. Com "ligar" ele queria dizer vir à minha casa me buscar. Sim, é claro que podia!

Aquela virou a minha rotina: acordava com os primeiros raios de sol, saía em uma caminhada para cumprimentar os gatos, cozinhava algumas refeições maravilhosas, e pesquisava e escrevia durante toda a tarde. Depois, esperava o português bonitão me buscar para uma caminhada.

Um dia ele veio mais tarde, à noite.

— Oi.

Você veio até aqui para me beijar? Quis perguntar. Em vez disso, falei:

— Estou bebendo vinho. Quer se juntar a mim?

Ele entrou e falamos de nossas feridas por horas. Ele havia sido traído pela esposa, que era, segundo ele, o amor de sua vida. Depois do divórcio, mudou-se para a casa em que vivia atualmente e começou a cuidar da mãe doente, até o dia em que ela não acordou. Seis meses depois, ele encontrou o próprio pai no chão, sem vida, quando voltava do supermercado.

— Perdi meu emprego logo em seguida — disse, chorando. Algo que não costumava fazer, fez questão de dizer.

— Olha, dizem que o único jeito de superar uma dor é atravessando.

Ele sorriu. E que sorriso lindo.

Bebemos duas garrafas de vinho. Provoquei risadas só para ver aqueles olhos brilhando. Então respirei fundo, inspirei toda a coragem que uma garota tem de reunir antes de beijar um garoto e expirei o patriarcado me dizendo que eu não deveria tomar a iniciativa. Segurei as mãos dele e senti sua pele espessa, machucada de apanhar batatas. Ele encaixou os dedos ao redor da minha mão e a virou. Passeou os dedos pelas linhas da minha palma. Beijar parecia naturalmente o próximo passo. Aquela foi a primeira noite nos Açores em que não me senti gelada.

木

No dia anterior à véspera de ano novo, a situação estava incontrolável. A notícia havia se espalhado: o apanhador de batatas estava tendo um caso com a turista brasileira. Um vizinho perguntava-me algo pessoal e, na hora seguinte, do outro lado da colina, o dono da cafeteria já sabia. Ninguém fazia por mal. Simplesmente pareciam estar cuidando da pessoa mais carismática da ilha.

Andávamos tentando evitar um ou dois vizinhos que supostamente teriam espalhado a novidade. Uma delas parecia determinada a me interrogar antes de minha partida.

— Tenho um presente para você — ela falou, quando passamos fingindo pressa. Ela entrou na casa e voltou com uma pilha de roupas novas. — Escolha uma.

Eu não sabia direito como reagir. Como viajante, sempre busquei respeitar as regras da cultura local. Aceitar ou não aceitar? Estendi as mãos e olhei para o português bonitão, como que pedindo ajuda. Sem dúvidas, vi julgamento naquele olhar e, se eu pudesse ler a mente dele, tenho quase certeza de que estava me dizendo: "isso foi uma isca, sua tola".

— Quando tu vais embora? — ela perguntou, satisfeita por ter capturado minha atenção.

— Amanhã — respondi enquanto fingia escolher uma roupa.

— Os pais dele morreram — disse, seca.

A frase soou como um desafio: "como você pode ir embora e entristecer nosso menino, você não tem coração?". Eu não sabia o que responder. E o desconforto aumentava a cada frase em que ela me lembrava o quanto ele já havia sofrido no passado. O português bonitão deve ter ouvido o meu grito por socorro, porque ele me abraçou, gentilmente, puxando-me de volta para a estrada, desculpando-se educadamente com a vizinha pela nossa súbita necessidade de ir.

Algumas ruas colina acima, na casa da família dele, outro membro do exército do português bonitão veio em sua defesa: a irmã mais velha.

— Eu cuidei dele como se fosse meu próprio filho.

Tenho quase certeza de que a frase era uma ameaça.

— Meu trabalho é me preocupar com ele — ela concluiu, encarando-me.

O meu crime? Ser abraçada pelo português bonitão. Fui puxada novamente para longe dos soldados quando ele disse:

— É por essa razão que quero sair dessa ilha. Não suporto as pessoas falando sobre minha vida.

— Eles se importam com você — respondi com compaixão.

— Não quero mais apanhar batatas.

— Você odiaria a minha vida — declarei, talvez de uma maneira muito áspera, sabendo para onde aquela conversa estava indo. — Eu saio de casa cedo e volto tarde da noite. Fico sentada no tráfego por duas horas todos os dias. Abro minha janela e vejo um prédio, e não o oceano. Vejo minha família uma vez por ano. Da última vez que vi minha sobrinha, tudo o que ela conseguia pronunciar era "tia Juju". Agora ela já diz frases inteiras.

— Então fique... — ele implorou. — Por que trabalhar tanto assim? Qual é o sentido?

Eu não sabia como responder àquilo. Qual era o sentido da minha vida? Eu não sabia. Percebia que desde a morte de minha mãe e o rompimento com meu parceiro estava tentando sobreviver e tinha me esquecido de como era viver. Como amar.

Não sei bem como aconteceu, mas aquele lindo homem ao meu lado estava completamente apaixonado, e eu também. Éramos duas pessoas estúpidas e despedaçadas que pertenciam a dois mundos diferentes. Daquele momento em diante, em vez de aproveitarmos a companhia um do outro, nós choramos. No café da manhã, no almoço, enquanto andávamos pela costa.

— Desde que meus pais morreram, sinto como se faltassem dois órgãos dentro de mim — ele confessou. — Não estou dizendo que você tenha preenchido esse buraco. Mas é como se tivesse ganhado um órgão novo e, de repente, já não me sinto tão vazio.

Eu sabia o que ele queria dizer. O vazio de ser órfão era bem como ele havia descrito: como se faltasse algo vital. Eu sempre tinha sido uma forte adepta da crença de que existe vida após a morte, mas até perder minha mãe não entendia a dimensão do vazio dos que ficam para trás, do lado de cá. A necessidade de contar boas notícias primeiro para a mãe; o impulso de discar o número dela quando algo terrível acontecia; o hábito inconsciente de tirar foto de uma comida que sabia que ela amaria. Eu não sentia tanta falta de dizer "eu te amo". Sentia falta de comprar algo bobo que sabia que ela amaria, como um imã de geladeira de Paris ou o sabonete da sua marca favorita encontrado em uma liquidação. Eu sentia falta de ter alguém para quem passar as coisas que haviam sido preciosas para mim, mas de que eu não precisava mais, como o meu par de luvas preferido ou a minha primeira chaleira. Sentia falta de ter alguém na família que me defenderia em momentos de conflito ou que secretamente faria um prato para mim quando estivesse atrasada para um almoço de família e a comida quase acabando. É inexplicável o vazio de não ter mãe.

Olhei para ele com compaixão. Sabia a quantidade exata de dor que ele carregava. Então olhei para mim mesma, como se tivesse saído do meu corpo e visto a mulher forte que suportara tantas perdas e ainda assim sobrevivera. Minhas feridas estavam silenciosamente se curando e até aquele segundo eu não havia percebido que a dor não estava mais me consumindo. Pela primeira vez, meu passado não importava. Apanhei uma das muitas lágrimas que estavam descendo pelo rosto dele e sorri, pensando: "eu ainda sou capaz de amar".

Em sinal de gratidão, beijei-o e, apesar de sermos dois completos estranhos - apesar de um relacionamento ser impossível, contra todas as probabilidades, dissemos "eu te amo" um para o outro. A única coisa que importava era o agora, aquele momento.

Era o último dia do ano e eu estava prestes a subir no avião que me levaria à ilha principal, iniciando minha jornada de volta ao meu país. O português bonitão estava chorando desde a hora em que tínhamos acordado.

— Volte no verão — ele pediu. — Eu juro que essa ilha tem muito a oferecer.

— Açores é uma vez na vida...

— Nunca vou encontrar alguém como você — disse tão dramaticamente que riu de si mesmo.

— Na próxima vez em que você estiver lavando batatas no jardim de outra pessoa, não se esqueça de olhar para cima.

Nós dois ríamos com lágrimas nos olhos.

No longo trajeto até o aeroporto, vi os traços da paisagem e da densa vegetação da ilha que a chuva tinha escondido na minha chegada. O azul brilhante do oceano fazia pequenos pontos brancos de luz dançarem pelo céu. As árvores e as flores eram incrivelmente parecidas com as de Florianópolis, e eu não conseguia parar de pensar nos meus ancestrais. Eles estavam tão distantes de mim e ao mesmo tempo tão perto. Honrei a memória de cada um deles e os agradeci por terem me atraído àquele lugar, onde redescobri minha capacidade de amar e curar.

Abri os olhos e me senti pronta para o que viesse.

ENTREATO: DIA DA INDEPENDÊNCIA

São Paulo, São Paulo, 2020

O ranger do canavial ao vento acelerou meu coração. Estava a 250 quilômetros de São Paulo, ao lado de uma plantação extensa de cana de açúcar no limite de Botucatu com São Manuel. Espiava entre as frestas dos caules verdes longos que atingiam quase três metros de altura para ter certeza de que não havia nada me observando: um animal, um alienígena, ou pior, um homem. Ali, eu poderia ser facilmente assassinada.

Voltei a atenção para o mapa, no meu celular, em busca da localização exata da antiga estação de trem chamada Araquá. Ignorei o pedaço de papel rabiscado: "Ramal de Araquá - km 307 (SP-0970)". Ali, em estradas de chão sem placas, de nada me adiantavam aqueles números.

O barulho dos troncos estralando me jogou para dentro do carro.

— Deve ser por isso que filmes de terror são filmados no meio de bambuzais — pensei alto.

Tranquei as portas e passei a procurar, através dos vidros fechados, a tal da estação. De longe, onde a estrada fazia a curva, eu via uma pequena quantidade de árvores velhas, camufladas sob trepadeiras. Estaria a tal da estação debaixo daquilo?

Liguei o carro e entrei numa estrada pequena, ainda mais erma. Quando me aproximei, pude ver, onde as folhas abriam espaço, ruínas de paredes de tijolos alaranjados. Fechei os olhos e agradeci por ter chegado até ali.

Cem anos me separavam de um adolescente de 18 anos, meu bisavô, Heizo Sakai, que desceu naquela estação de trem rumo à fazenda de café depois de ter atravessado meio mundo. Olhei para as montanhas verdes ao fundo, onde acabam as plantações, e pensei no dia em que migrei para os Estados Unidos; meus medos, sonhos e anseios.

Se me perguntassem por que fui até Botucatu, não saberia responder. Às vezes, parte da investigação é sentir. As conexões se fazem em um nível profundo e indescritível.

Já escurecia quando resolvi voltar para São Paulo, capital. Era o auge da pandemia e eu havia tomado a decisão irresponsável de fazer essa viagem de pesquisa – solo e de carro, portanto sem contato humano – para refletir sobre um futuro tão incerto. Afinal, aquele era o dia em que deveria retornar a Los Angeles de acordo com a passagem comprada dois meses antes, quando a Califórnia anunciou lockdown. Lembro exatamente do dia: 3 de julho de 2020. Lembro, porque o dia seguinte, Dia da Independência americana, foi o dia em que decidi não voltar para os Estados Unidos.

木

Maria Clara era o nome dela. Eu e minha irmã éramos três novamente. A pandemia havia me trazido forçadamente para o Brasil e, com as fronteiras fechadas, meu retorno temporário agora celebrava meses. Meu apartamento estava empacotado em um depósito caro na periferia de Los Angeles, minhas gatas eram cuidadas pela amiga que havia adotado dois filhotes da mesma ninhada, meu carro colhia poeira na garagem de um conhecido. Meus amigos imigrantes, assim como eu, haviam retornado para seus países.

Apesar de toda a tragédia, acompanhar a gravidez da minha irmã e ser o apoio que minha mãe teria sido foi essencial e gratificante. Pensei nos nascimentos que perdi enquanto morava fora. Nos aniversários e casamentos. Nos funerais. Nas fotografias em que eu aparecia na tela de telefone da minha irmã, que insistia em me ligar para participar virtualmente desses registros.

Quantas vezes fiz chamadas às lágrimas anunciando às amigas que iria desistir dos Estados Unidos: não aguentava mais o sacrifício de viver longe de casa.

— Aguenta só mais um pouco — diziam elas. — Daqui a pouco as coisas melhoram.

Camila, minha amiga conterrânea, havia se formado em Direito em Santa Catarina e partido para os Estados Unidos em busca de uma vida melhor. Já no primeiro ano conheceu Jon, que viria a se tornar seu marido e pai de seus dois filhos. Dono de uma startup israelense, Camila lidava com multiculturalidade dentro de casa: o pequeno mais velho, Ben, aprendia a falar inglês, português e hebraico.

— Tem algo muito sutil em relação a falar uma outra língua que é difícil de explicar. É um sentimento de não ser capaz de mostrar quem eu sou. Falar outra língua não é apenas traduzir palavras. Há um conjunto de regras sociais que precisa abraçar para que possa ser entendida. Quando você está imersa em outra cultura, se sente obrigada a ser a pessoa que faz o esforço para que a comunicação aconteça. Nesse sentido, parece que não há espaço para ser vulnerável. Nunca pensei que vulnerabilidade era algo essencial que devesse ser valorizado.

Beata, minha amiga nascida polonesa, que já morou em Londres, Nova York, Los Angeles e até mesmo dentro de um barco, dizia que ser imigrante é estar com saudades de casa o tempo todo, em todos os lugares. Seja da casa daqui ou da casa deixada para trás.

— O desejo de um lugar para pertencer nunca desaparece. Sempre me senti em conflito, procurando minha casa do passado, mas também procurando por ela no futuro. Agora, decidi aceitar o sentimento de saudade e aprendi a construir um lar dentro de mim, aqui e agora. Talvez essa seja a beleza de envelhecer. Estou aprendendo a viver no presente. Não tenho que questionar se este será meu lar para sempre. É meu lar por ora. Isso é o que importa.

Xuan, a tutora temporária das minhas gatas, nascida na China e naturalizada americana, havia decidido morar em Monterey Park, o segundo bairro com maior concentração de chineses e sino-americanos. Perdia apenas para Chinatown. Diferente de mim e Beata, Xuan decidiu se cercar de sua cultura e morar ao lado de amigas da mesma origem. Sua casa sempre exalava comida chinesa deliciosa, seus jantares eram famosos. As marcas eram todas chinesas: o celular, a televisão, o carro, as panelas elétricas.

— É difícil de entender o que é barreira de linguagem até você passar por ela. É um desafio diário. Existe uma palavra em Chinês que não tem tradução: "风骨". Significa "força de caráter", mas é mais do que isso. Significa vigoroso, íntegro, forte, heroico. Eu sempre me pergunto: preciso mudar o que acredito porque esta é a maneira de me adaptar? Quando testemunho conflitos entre dois valores culturais diferentes, sempre preciso ressignificar quem sou eu e em que acredito e, às vezes, isso vem com um pouco de autodepreciação, dúvida e contradição.

Sasha tinha sido minha colega de faculdade de cinema em Los Angeles. Eu a havia convidado, junto com Camila, Beata e Xuan, para posar para retratos que fariam parte de *The Beautiful Immigrant Project*, uma tentativa de lançar luz sobre essas lutas íntimas, como descreveu Carolina, brasileira imigrante em Chicago, na abertura da exibição: "Mulheres imigrantes, em particular, estão sujeitas a um olhar que nos diminui e objetifica, negando nossa agência sobre as próprias identidades. Apesar de não estarem acostumadas aos holofotes, as mulheres nesta exposição mostram o rosto na frente da câmera para confrontar a realidade que tenta, sem sucesso, apagá-las. Olhando para os seus retratos, temos um vislumbre de um olhar diferente – o que essas mulheres lançam sobre o mundo ao reivindicarem seu lugar e valor como mulheres e imigrantes. Desveladas e vulneráveis, o que elas, inequivocamente, revelam é o seu poder".

Nascida na Jamaica, Sasha não tinha problema com o idioma e suas nuances. Mas o que a atingia era algo muito maior. Durante as sessões fotográficas, testemunhei a maquiadora que convidei, brasileira e branca, deixar a pele preta retinta e brilhante de Sasha acinzentada e opaca. Um erro amador e inaceitável. Enquanto todas as imigrantes-modelos celebravam seus retratos, Sasha sentia-se humilhada. O que aconteceu em seguida foi tocante: Sasha posou de rosto lavado, e foi, de longe, o retrato mais bonito que tirei na minha vida. A dor dela, porém, ficou gravada naquela imagem.

— Na Jamaica, faço parte da maioria. Cresci testemunhando mulheres negras na liderança, não tinha nada que eu não acreditasse que era possível fazer. Aqui, é diferente, precisei encarar a experiência do povo afro-americano e o trauma vivido por indivíduos tão categorizados. É preciso estar ciente de que você é preta, imigrante, mulher. É uma luta diária em estar atenta ao que digo, como me visto, à minha linguagem corporal, meu cabelo. Eu não tenho a liberdade de simplesmente ser quem eu sou.

Denise, colega da mesma faculdade, vinha do Zimbábue. Denise era a luz central em cada cômodo que ingressava. Sua voz, sua força, seu afeto e humor eram contagiantes. Denise havia acabado de lançar seu curta-metragem chamado *Khayalami: Meu Lar*, um filme sobre "a luta de uma mulher africana para manter vivas suas tradições e costumes enquanto vive em um mundo cada vez mais ocidentalizado".

— Meu espírito ressoa com o provérbio da minha terra: "É preciso uma aldeia para criar uma criança". Temos um forte senso de comunidade e família que permanece conosco, não importa onde estamos. Quando faço um filme, fico sempre preocupada se minha família vai se orgulhar de mim, se eles me entenderam. Lá, as pessoas dizem que mudei, que meu sotaque soa diferente, que sou "americana" demais, o que é irônico, porque aqui nos Estados Unidos, serei sempre estrangeira. Quando você migra, você constantemente sente que não pertence. E quando volta também. Agora entendo que pertenço a um lugar no meio entre dois.

木

No Dia da Independência, anunciei que ficaria no Brasil mesmo quando as fronteiras reabrissem, uma decisão tão difícil quanto partir, mas menos celebrada. Hoje, quando me perguntam se prefiro aqui ou lá, pergunta que se faz comum, respondo que aprendi a habitar essa condição de ser duas: metade presença, metade falta. De todas as identidades que me cercam, a diaspórica é por certo a que me sinto em casa. Fazer as pazes com o limbo, com a saudade, com o desenraizamento é estranhamente libertador.

CAPÍTULO 15: PONTA DAS ALMAS

Florianópolis, 2021

Um ano depois

Havia decidido visitar o Cemitério São Francisco de Assis, mesmo sob protestos do meu inconsciente. Como eu odiava. As flores artificiais, horrendas e desbotadas, precisavam ser substituídas e, àquela altura, já não contestava a proibição do uso de flores naturais. Depois de ter vencido o mar de sepulturas, tropeçado em alguns túmulos e pedido desculpas a sabe-se lá quem, cheguei ao jazigo de mármore de minha mãe com um balde verde a tiracolo, um pano velho, alvejante e uma sacola de lavandas de plástico novas. Rancorosa contra minha própria decisão, sobrou até para a música de Titãs que a mãe tanto amava: "As flores de plástico não morrem". Que letra estúpida. Ali, no meio de tanto concreto, eu não conseguia ver poesia. Limpei a pedra com carinho, porém com urgência. Retirei as flores desbotadas e coloquei as novas, uma a uma, no vaso comprido no topo da lápide. Minha irmã aguardava na rua estreita a 200 metros dali. Ela fumava encostada no capô do carro, longe de mim, porque tinha medo de tudo que a morte rondasse: cemitérios, cadáveres, fantasmas.

Na pressa de sair dali, não reparei num ninho de quero-quero e no perigo iminente sobre mim: a ave-mãe voava em círculos cada vez mais estreitos, com um urro que era com certeza, mesmo para o pior dos ornitólogos, um aviso de ataque. Peguei o que me pertencia e, sem me despedir, corri em direção ao carro, clamando por socorro, com o balde na cabeça. Minha irmã, em desespero, entrou no carro e trancou-se, mesmo que isso significasse deixar a irmã à própria sorte. Aquela linha tênue entre amar os irmãos e querer matá-los, que só conhece quem os tem.

Não me importava com esse despautério chamado Maria Fernanda. Para ser sincera, eram de momentos como esse que sentia falta. A minha ausência de quase uma década doía em mim por todas as histórias não vividas e compartilhadas com a família. Aprendi, depois de ter sido abandonada algumas vezes, que quem perde mesmo é aquele que se ausenta.

Ali, não sabíamos, mas a próxima vez que retornaríamos ao cemitério seria para o enterro de Vôjúlio. Ele passaria a compartilhar a sepultura com a filha. Meses depois, tempo insuficiente para processar sua morte, fomos atropeladas pela ida de Vódorinha. Eles nos deixavam para, enfim, se reencontrarem com a filha, ou assim queria imaginar.

木

Eu tive duas Vódorinhas: antes e depois da morte da minha mãe. Vódorinha, durante os anos em que morei com ela, foi uma mulher difícil, algumas vezes ríspida, quando não racista. Eu não a entendia ou, confesso envergonhada, não a admirava. Sentia mágoa das vezes que me desamou na frente de amigos, vocalizando julgamentos inaceitáveis mesmo para uma senhora nascida em 1926. Ela não se conformava em saber que eu não frequentava a igreja ou que morava com um namorado aos vinte anos sem ter casado.

Mas a morte de minha mãe transformou nossa relação por completo. Já no dia do velório. Lembro de me trancar no banheiro da sua casa, aquele cômodo que já não me pertencia. Os azulejos bege, a banheira antiga de cerâmica branca, o teto alto de madeira mofada com exatos seis buracos acima do chuveiro para deixar o vapor ir embora. Eu chorava, sem conseguir me recompor, depois que Vódorinha tinha esculachado a minha roupa: uma blusa de lã vermelha, que minha mãe amava. A favorita dela, até. Tudo doía naquele dia. Respirar doía. Eu não conseguia conceber que minha homenagem à mãe, com aquela blusa quente como um abraço, seria uma ofensa aos beatos durante o enterro. Para a minha surpresa, Vódorinha bateu na porta de madeira, pediu licença, entrou, e pela primeira vez nos meus 27 anos me pediu desculpas. Desculpa por ter sido insensível. Desculpa por ter te feito chorar. Não foi a minha intenção. Retiro o que disse. Use essa blusa, você está linda.

Nesse dia, Vódorinha e eu nascemos de novo. Avó e neta. Mãe da mãe e filha da filha.

Nos anos seguintes, criamos um algo novo. Passei a visitar igrejas por todas as cidades que passava, não porque sentia que o templo me acolhia, mas porque sabia que ela iria gostar de receber uma lembrancinha religiosa. Já ela amaria não porque era um objeto que se dizia sagrado, mas porque sabia que sua neta havia entrado numa igreja. Nos aceitávamos como éramos.

— Qual o nome do seu namorado *agora*, Juju? Quero rezar por ele — perguntava com um sorriso.

— Qual dos três, Vó? — respondia desafiando.

— Pois vou rezar pelos três — terminava rindo.

Pesquisar sobre suas origens me fez enxergá-la. Passei a rezar, embora falhasse miseravelmente. Entendi que o racismo que ela exalava era voltado para si, um ódio por seus cabelos, sua pele, sua origem. Passei a ter, para usar o vocabulário dela, misericórdia.

Lembro de todos os detalhes do dia de sua morte. Duas ou três horas depois que beijei suas mãos quentes, ela se foi. Partiu. Assisti à retirada do corpo magro e frágil, já enrijecido, e ali fui tomada por um sentimento que, mesmo com o passar dos anos, com os calos das perdas que vivi e o avanço da idade, era inevitável. A solidão. Esse manto invisível que acoberta os órgãos internos.

Seu enterro esgotou meu amparo no mundo. Lembro de ver meus primos, tios, parentes, e ao mesmo tempo ninguém. A morte de toda a linhagem maternal nos deixa à margem. Como se a palavra orfandade pudesse ser multiplicada. Um despertencimento atravessado como uma lança. Como escreveu o poeta Fabrício Carpinejar: "Triste não é seguir atrás do caixão até a terra, no cortejo melancólico pelos corredores de pedra, apoiado pelos colegas e conhecidos. É seguir à frente do caixão na próxima década, após o portão do cemitério fechar, tendo que cobrir um nome com as próprias lembranças e se virar com as perguntas".

Meu retorno ao Brasil foi marcado por um sentimento profundo de solidão. Minha vida seguiu, a solidão permaneceu. Casei-me com um paulistano. Descalça na areia da Praia do Rosa, cercada de amigos e familiares de todos os cantos do mundo. Olhava-me no espelho encarando o vestido branco "hippie", como diria minha mãe. Cabelos e maquiagem raramente corretos para meu tom de pele. Sem mãe, avó, avô. Sozinha.

Descobri que não queria ter filhos. O divórcio foi consequência natural do caos que se instalou em mim nesse retorno ao Brasil. O fim do livro de uma jornada de redescoberta vivida por uma mulher não terminaria em casamento. Ou: o fim do livro da descoberta genealógica não terminaria em filhos. Sentei-me em frente à minha árvore genealógica para desconectar o marido. Encarei os galhos elaborando a finitude de minha linhagem.

O caminhão de mudança me trouxe, depois de uma década, para Florianópolis, ilha em que nasci, mais precisamente próximo à

Ponta das Almas, na Lagoa da Conceição. Um sambaqui. Um sítio arqueológico recém-encontrado com restos de ossos, artefatos e até sepultamentos deixados por povos originários anteriores à invasão. Morte cercada de água doce.

Recomeçar.

Reencontrar-se.

CAPÍTULO 16: A VOZ DA FLORESTA

Florianópolis, Santa Catarina, 2024

Três anos depois

— **Coloque seus pés neste risco** — disse a mulher jovem com voz de uma senhora de pelo menos setenta anos sentada na minha frente.

Suas mãos guiaram, com delicadeza, minhas pernas para a margem de um quadrado feito a giz no chão. Dentro dele, quatro velas acesas dançavam próximas à minha pele. Eu me sentia em paz.

— O que te trouxe aqui? — disse ela.

De olhos fechados, lágrimas escorreram sem consentimento, afagadas agora pelas mãos da mulher, que abraçavam as minhas.

— Estou desesperada. — comecei, quase sem voz. Os tambores rufavam alto. Atrás de mim, pelo menos uma dúzia de outros atendimentos aconteciam. Aproximei-me de seus ouvidos engolindo o soluço. — Preciso pagar uma dívida que não é minha.

A mulher afastou os ouvidos para me fitar com seus olhos profundos. Ela olhava minha alma. Ou a floresta que morava em mim. Em seguida, voltou para a mesma posição como se dissesse: continue.

Aproximamos nossos corpos por cima das velas, as energias entrelaçadas entre tambor e calor.

Tenho certeza de que viu tudo. Viu a origem, o meio e o fim. Viu-me na expedição humanitária nos rios da Amazônia dentro de um barco-hospital de uma organização que não vale a pena nomear, convidada a fazer um filme por uma pessoa que, por seu desvio de personalidade e caráter, merece não mais que o anonimato. Chorou com meu depoimento. Então se afastou e disse devagar:

— Minha filha, quem planta laranja, colhe laranjas.

A tal da pessoa pôs fim ao material colhido sobre os povos ribeirinhos isolados de Roraima e do Amazonas e, descumprindo nosso acordo, não quitou os gastos de produção.

— O tempo, minha filha, é o senhor de tudo.

Lembrei dos entrevistados que tive o privilégio de conhecer. Pessoas que moravam a pelo menos dois dias de barco de Manaus ou Boa Vista, no meio do silêncio, nas encruzilhadas dos rios. Elas abriram suas casas pequenas de palafita, deixaram-me entrar descalça, do jeito que gosto. Meus pés a pisar a madeira retirada com respeito da floresta, tão limpa e reluzente quanto um cristal guardado na caixa.

Sem saber, ou sabendo bem, a mulher reafirmava a grande lição que eu trouxe da Amazônia: o tempo. Lição que meu coração apressado da cidade custava a processar. A que horas a gente pode passar aqui?, eu perguntava durante a gravação. Daqui a pouco, eles respondiam. Um daqui a pouco que podia significar dois minutos, duas horas ou dois dias. Um tempo sem tempo.

— Confia na magia da terra — disse ela, sorrindo com os olhos — E na sua também. Esse homem achou que podia mexer com essa energia? — Agora ela apontava meu coração. A dor se dissipava a cada palavra — A magia dessa ancestralidade?

Pensei nas minhas trisavós africanas, asiáticas, indígenas. Pensei na peregrinação tríplice que havia feito ao perder o filme: promessa no Santuário de Aparecida, imposição de mãos na Seicho-No-Ie e agora em um terreiro de umbanda. Pensei no meu livro, na falta de um capítulo final, na exigência implícita que roteiros têm de terminar a história em um beijo. Ou em tragédia.

Levantei-me com sede. Nosso abraço, demorado, curou o que faltava.

Voltei para casa e decidi que as histórias do filme perdido são o capítulo final que procurei esses anos todos. Um resgate do meu tempo presente.

木

Era quase meia-noite quando o barco-hospital que atende as comunidades ribeirinhas mais remotas da floresta Amazônica se aproximou do destino: uma pequena vila em Roraima, a dois dias de navegação de Manaus. Escorada na mureta da proa, comecei a enxergar de longe pequenas casas graças à luz do holofote que o prático jogava na margem. Ele buscava o local certo para atracar. O rio estava tão baixo que o comandante mal reconheceu o local. Queria muito que amanhecesse.

A sensação era de que finalmente o momento esperado encontrava o momento presente. Pensei na Mãe de Santo que chegou na minha vida depois dos atropelos dos últimos anos: um casamento, duas mortes, um divórcio.

— Você vai receber um presente de Oxum — disse ela — um presente que vai vir dos rios. Os orixás estão a te abençoar.

Já fazia um tempo que eu me aproximava, devagar e com respeito, das religiões de matrizes africanas e asiáticas e da cultura indígena, como forma de resgatar o que me foi tirado.

Quase não dormi. Subi ao convés para assistir ao nascer do sol que não veio. Da igreja de madeira verde e branca, um louvor assombrava os rios: aleluia, glória, irmãos, graças a Deus, obrigada

Senhor! Nuvens pesadas encobriam o céu. Ouvi um barulho estranho, como se fosse o suspiro de uma baleia nos mares do Sul. Percebi então um boto cor-de-rosa, e em seguida seu par. Nesse mesmo momento, maritacas sobrevoaram o barco arrulhando em direção a uma árvore alta. Elas também viviam em pares. Meus olhos se encheram: pensei na minha irmã ao meu lado em todos os momentos – na saúde e na doença, na alegria e na tristeza – e finalmente não me senti só.

As primeiras imagens do dia são lindíssimas. Tudo é superlativo na floresta. Eu, agarrada a um tablet envolvido por uma armadura contra mergulhos acidentais na água, segurava as rédeas da produção. A lama grudava nos sapatos e formava uma crosta que acumulava a cada passo. Passei o dia tentando me livrar dela. Até que desisti.

Registramos o esforço voluntário: o cadastro que acontecia debaixo da igreja de palafita, o atendimento médico na varanda da casa pastoral, os consultórios de ginecologia e odontologia, a sala de cirurgia localizados na parte inferior do barco-hospital, uma oficina de prótese dentária a estibordo do convés. Sentia a força dos Orixás: a câmera, posicionada em direção ao paciente captou ao fundo, acidentalmente, a chegada de uma pequena embarcação lotada de crianças.

Ali, sem eletricidade, o expediente era refém da luz do dia. As noites eram usadas para navegar até a próxima comunidade, cuja distância era medida em horas, um tempo nunca exato. Que horas vamos chegar mais ou menos?, perguntava ao prático. Quando tiver luz, dizia sorrindo. Quando chegarmos à comunidade, vai ser dia já? Vai ter luz, dizia ele.

Em um dos povoados, acompanhamos a rotina de uma pequena venda. Crianças entravam e saíam em busca de bolacha recheada, refrigerante ou sorvete. O dono, esclarecido, refletiu: "Nessas bandas, não chega luz, mas chega o açúcar".

Acompanhamos o dia de uma senhora que não sabia sua idade. Aqui a idade pouco importa. O não-tempo.

— Fui uma das primeiras moradoras da vila — disse ela.

A casa, no topo do barranco, ficava a dois metros de altura.

— O rio chega aqui, dona? — perguntei assustada.

Ela riu de mim. Aliás, ela riu de todos os meus trejeitos. Com minha bota impermeável, um colete recheado de apetrechos de produção e um rádio a tiracolo, eu devia parecer um bicho exótico, pensei. Eu disparava perguntas com a pressa de quem tinha apenas uma diária para documentar aquela entrevistada. A senhora sorria, como se o silêncio falasse. E falava, eu que não percebia.

Foi no fim do dia, de frente para o rio, que eu e ela conversamos sobre a vida, suas dores, suas raízes, seus quereres. Ali, ela me confiou sua história num pequeno gravador. Entre os voluntários, existia a crença de que o ribeirinho era de poucas palavras. É se você tem pressa, se quer respostas na hora. É um outro tempo. Um tempo que o povo da cidade não tem.

Na hora da despedida, um abraço de quem não se veria novamente. Um adeus. Ela seguiria sua vida na floresta. Eu voltaria para minha vida insignificante. O comandante, que acompanhava a gravação com o canto dos olhos, se aproximou. Suas mãos, também endurecidas pelos muitos anos de trabalho em fazendas do Mato Grosso do Sul, agarraram com força as minhas quando me viu chorar.

— Agora você entende, minha filha? — perguntou, referindo-se às horas de conversa que tivemos por telefone antes da filmagem. — Eu falei a você que só vindo aqui para saber.

A cada vila, o sentimento de impotência diante dos problemas sociais me tomava conta. Entrevistei uma menina de dezenove anos que, abusada pelo padrasto desde os cinco anos e espancada pela mãe, fugiu aos dezesseis de Manaus. Foi trabalhar em uma dessas plataformas policiais. Em comunidades ribeirinhas, se prostituiu para poder pagar o aluguel e comer. Envolveu-se com homens violentos, até que se casou. Nos braços e cintura, as cicatrizes escreviam sua história. O marido, disse ela, tem 50 anos. Cinquenta. Uma realidade infelizmente comum por aqui.

Entrevistei uma mãe que não conseguiu chegar em Boa Vista a tempo de parir. O bebê, nascido com complicações no trajeto, sofreu paralisia cerebral por falta de oxigênio. Agora já pré-adolescente, o menino não cabia na cadeira de rodas improvisada. Enquanto eu entrevistava a família, a vila silenciosa vivia o luto de ter descoberto a algumas horas dali o jovem pescador que morreu sozinho no seu barco à deriva. O sentimento de luto, aqui, é lugar-comum.

Perdi o ar enquanto aguardava, dentro de uma pequena escola, a chuva tropical passar. Entrevistava uma professora que lidava com a morte do pai e encontrou na escola motivo para viver. Ali, ela era para algumas crianças a única fonte de acolhimento.

— O isolamento pode ser cruel para elas. A carência aqui é de calor humano, de um abraço, um colo. Tem dias que, mais importante que ensiná-las, preciso parar e ouvir o que elas comeram no almoço. Mostrar a elas que alguém se importa.

A professora não sabia como iria, no dia seguinte, contar a elas que havia sido removida para outra comunidade. Deixá-las. Como o barco-hospital, como as políticas públicas, como a energia elétrica: essas comunidades eram, mais do que nada, deixadas.

木

Foi quando eu estava assim, no meio de um turbilhão de emoções, exausta pelo trabalho intenso de produção, distraída pela beleza da floresta e impactada pela história dos ribeirinhos, que me apaixonei. Era tudo o que eu não queria. Ou esperava.

Uma paixão de verão, só que no outono.

Eu desarrumada, sempre suada, sem maquiagem ou filtro, cheia de olheiras, cabelos desgrenhados amarrados de qualquer jeito.

Divorciada, impaciente, com humor seco e um pouco rancoroso. Se existisse um antônimo para palavra flerte, era ela que cabia aqui. Eu já desconfiava desse sentimento que veio sorrateiro, como a maré que sobe ao longo do dia e sem querer bate no muro. Eu o enterrava no meio das planilhas de produção, mas no dia seguinte, lá estava ele do meu lado. Do meu lado literalmente. Com uma câmera na mão, traduzindo meu planejamento em filme a cada enquadramento.

Enterra.

Percebi no dia em que recebi o presente de Oxum. O comandante mandou avisar: estamos zarpando mais cedo, então vamos parar em uma pequena praia de rio. Um merecido descanso no meio do trabalho intenso.

Era a minha primeira vez mergulhando nos rios da Amazônia. Ansiosa para sentir o poder da orixá das águas doces, fui a primeira a descer do barco recém-atracado. Eu derretendo de suor. A temperatura perfeita.

Pedi licença, lição que aprendi com os povos indígenas, e entrei naquela água limpa, densa, ancestral. Como cria do mar, logo senti a diferença das águas salgadas. A densidade era diferente, uma que te impede de flutuar, que comprime o corpo, que te abraça. Escura e ao mesmo tempo de uma clareza. Mergulhei de novo, e de novo, e de novo. Dezenas de voluntários se juntaram à praia e o barulho se tornou insuportável. O canabidiol medicinal que havia tomado mais cedo para baixar o cortisol de um dia estressante se juntou à cena. Minha consciência começou a voar. Sentia a água, o abraço, a floresta, o tudo e o nada. O presente de Oxum era este momento, aqui mesmo, guiando meu corpo, meu espírito, meu tempo presente. Senti a energia do motor do barco criando ondas. Isso quase me derrubou. Era poderoso. Queria me soltar e simplesmente ir. Não queria mais tentar. Apenas ser.

Nadei alguns metros para longe do barulho e me coloquei a flutuar. Era difícil. Não sei por quanto tempo fiquei à deriva, mas ele sabia: 15 minutos, disse. Estava me observando o tempo todo. Apenas olhando. Talvez eu estivesse alterada, não sei. Não. Tenho certeza de que ele me observava. Seguia-me com os olhos enquanto eu nadava, sem sucesso, em busca do silêncio. De óculos escuros para esconder os traços de uma dose não-receitada de canabidiol, observava livremente seu olhar. Até que entrei na roda de conversa, parei do lado oposto, nossos corpos virados um para o outro, tirei os óculos e o encarei. Ele virou o rosto abruptamente, tímido, como que pego no olhar, e eu, adolescente, me senti vitoriosa.

Sorri e enterrei.

木

O barco-hospital partiu e ficamos, ele e eu, para trás. Estávamos em silêncio, eu sem respirar, aguardando a qualquer segundo a passagem do barco pela janela de uma casa de palafitas. O tripé posicionado por ele em menos de um minuto, depois de corrermos, com urgência, pelo enquadramento sonhado. Era agora ou nunca mais. A moldura de madeira da janela enquadrava o rio entre árvores, e por ela enfim passou a embarcação imponente. Olhamo-nos meio incrédulos com o resultado, meio que não. Soltei a respiração. Havíamos planejado tanto esse momento, e no fim ele aconteceu assim, meio sem querer.

— Obrigada — soltei um pouco engasgada — por tudo.

Ali, na gravação da cena final, fui invadida por uma sensação singular. Esse filme tinha sido acometido por momentos que eram reais e, ao mesmo tempo, mágicos, como num livro de Gabriel Garcia Márquez. Ele me olhou ainda incrédulo por ter captado o que ontem sonhamos.

Desmontamos a câmera e descemos a ladeira em direção à pequena voadeira que nos resgataria. Passamos por cascos de cracajás secando ao chão (uma espécie de tartaruga usada como alimento). Era o que ficava de mim na Amazônia. Uma armadura endurecida pelos anos de sacrifício era abandonada, jogada para decompor na floresta. Sentia-me mole, sem espinha dorsal, sem proteção, sem controle. Sentia em mim uma morte certeira, um fim de quem eu era, mas também um recomeço.

Aqui na floresta, eu era não um algo ou alguém, nem um aposto explicativo, nem uma biografia ou, ainda, uma filmografia. Eu apenas era. Não era fragmentada em imigrante, mulher, nipo-brasileira, parda, amarela, marrom, latina, estrangeira. Eu apenas era.

森

Ele já me esperava no bar neon quando cheguei esbaforida no bairro República, em São Paulo. Em cima da mesa, um envelope pardo lacrado.

— É um contrato — disse sério.

Enquanto abria, confusa, percebi nele um meio sorriso. Ele estava arrumado. Bonito. Primeira vez que nos víamos sem a umidade amazônica. Voltei meu olhar para o papel, de alta gramatura, com uma ilustração preto e branca no centro e seu nome assinado a lápis no canto inferior direito.

— Eu te disse que daria uma gravura — disse um pouco envergonhado.

Levei alguns segundos para lembrar e entender o que estava acontecendo. Há alguns dias, eu havia enviado uma foto do meu último feito durante as aulas de pintura à óleo. Um vaso de flores rosa-claro desproporcional. Durante a expedição havia confessado que, para uma cineasta, eu entendia muito pouco de correção de cor e essa era uma tentativa de me redimir. Ele respondeu que trocava por uma gravura. Achei que estava brincando.

Ele me explicou sobre o processo da ilustração, que não era uma ilustração, mas uma espécie de xilogravura feita com uma placa de metal de cobre. A cada frase, percebia que o que tinha em mãos era muito mais especial do que imaginava.

Conversamos sobre minhas paixões, coincidentemente as mesmas dele também. Diretores, roteiros, atores, cenas favoritas. Wim Wenders, Dias Perfeitos, La Chimera, Alice Rohrwacher, Josh O'Connor, Greta Gerwig, Noah Baumbach. Confessei não gostar de Kubrick. Ele também. Disse que se me perguntassem, eu negaria até o fim. Ele também.

— Qual seu filme favorito?

Odiava essa pergunta.

— Meus amigos dizem que eu costumo responder essa pergunta com a minha última obsessão.

— E qual seria ela?

Temia que, ao falar, precisaria conversar por duas horas sobre o filme.

— Vidas Passadas. — Tenho certeza de que quis chorar na hora, pois é esse o sentimento que me acomete toda vez que penso nos personagens Hae Sung, Nora e Arthur.

Ele sorriu. Passamos o resto da noite falando sobre o filme. Sobre amores não vividos, amores impossíveis, amores separados por fronteiras, amores maiores que a vida que foram feitos para apenas existir. Sem verbo, sem ação, sem acontecimento. Sem beijo, sem sexo, sem toque. Apenas amor.

— Penso muito no personagem coreano — disse ele, referindo-se a Hae Sung. — Aquele que ficou para trás. Ela, a... Como é o nome dela?

— Nora.

— A Nora vai embora da Coreia do Sul para o Canadá, depois Nova York, aprende uma nova língua, é exposta a experiências que a transformam, conhece novas culturas, novas cidades, novas pessoas.

Ele estava falando de mim? Ele continuou:

— Já ele ficou. Não digo que ele seja menos. Não é isso. Mas tem um apequenar-se diante dela. Não porque ele diminuiu, mas porque ele inevitavelmente permaneceu o mesmo. Ele não deve ter a mesma facilidade de fazer amigos como ela tem, por exemplo, ou a bagagem cultural que ela conquistou.

Ele estava falando dele?

— Tu te identifica com o personagem dele? — perguntei séria. Se isso fosse um filme, já sabia como a cena ia terminar.

Ele pensou. Como sempre, ele não respondia impulsivamente como eu. Pausava, olhava para cima, colocava a mão no queixo e esperava formular um pensamento antes de seguir em frente. Eu admirava essa característica. Era o que faltava em mim. Ele não respondeu com palavras, mas balançou a cabeça sinalizando que sim, quase um sim, óbvio, ele se via em Hae Sung.

Meu coração encolheu. Pensei na cena final em que Hae Sung se despede de Nora. Amores platônicos. Nora é casada com o escritor americano Arthur. A cena que deveria ser um beijo e não é. Pois o amor de Nora por Arthur é um, leal e maduro, e o amor de Nora por Hae Sung é outro, antigo e utópico. E o amor de Hae Sung por Nora é todos ao mesmo tempo, mas também um amor paciente.

Essa era a história da minha vida. Encontrar Hae Sungs ao longo da vida e deixá-los.

— Não sei se me identifico com Nora — menti. Naquele momento, falar que me identificava com ela parecia afirmar um algo ainda não dito. — Mas eu sinto que em todos os meus relacionamentos, a pessoa se sentiu assim como tu descreveu Hae Sung. Apequenada. Porque eu sempre vou — fiz um sinal com as mãos como se fosse um avião partindo. — Às vezes, não vou literalmente, mas no fim das contas, não importa, porque eles todos disseram em algum momento que se sentiram deixados para trás.

Ele assentiu com a cabeça, pensativo. A palavra erro parecia agora estar estampada na minha testa.

O garçom chegou. O bar fechava. Pedimos a conta e fomos caminhando até o prédio em que eu estava, a duas quadras dali.

Na porta, nos abraçamos. Agradeci a companhia. Ele não foi embora. Ficou em silêncio. Puxei alguma outra conversa qualquer. Nos abraçamos novamente e novamente ele não foi embora.

Chamei-o pelo nome, sem coragem para olhar nos olhos. Tentava buscar a coragem nas pedras pretas e brancas do calçadão. Acho que se passaram alguns minutos. Ele não disse nada. Nem eu.

— Acho que se essa fosse outra vida, eu e você…

Ele consentiu. Entre a gente, tinha todos os obstáculos de Nora e Hae Sung. Ele olhou para o outro lado da rua e com os dedos posicionou uma câmera invisível.

— Essa cena está tão bonita. A luz está perfeita.

Perto de nós, a grande porta do prédio antigo por onde eu devia ter entrado há alguns minutos estava iluminada por dentro apenas por um lustre gigante.

— Só tem um problema — disse o diretor de fotografia para a diretora, — está mal enquadrada.

Eu ri, pois era meu pensamento exato. A porta deveria estar entre os dois personagens, e não descentralizada.

— Não seja por isso — falei sorrindo. Dei dois passos para trás e, com as mãos, sugeri que ele caminhasse em minha direção.

Era a cena perfeita. Nos olhamos, talvez pela primeira vez. Meu coração acelerado.

— Tenho medo — ele disse.

— Eu também — confessei. Tinha muito.

— Por todas as complexidades.

— Sim.

Era hora de entrar pela porta. De terminar a cena. De ir embora.

— Acho que, nessa cena, o menino que tem de deixar a menina — falei pianinho, como se fosse de fato a diretora, mas ao mesmo tempo vulnerável como uma atriz em cena.

— Mas é ele quem está sendo deixado — desafiou.

Como eu odiava o quão poético era tudo aquilo.

— Não hoje. Hoje é ela quem está sendo deixada — disse, querendo dizer que aqui, eu era Hae Sung.

— Eu vou... mas... — disse ele com uma pausa ensurdecedora — sem olhar para trás?

— Sem olhar para trás.

INFOGRÁFICOS

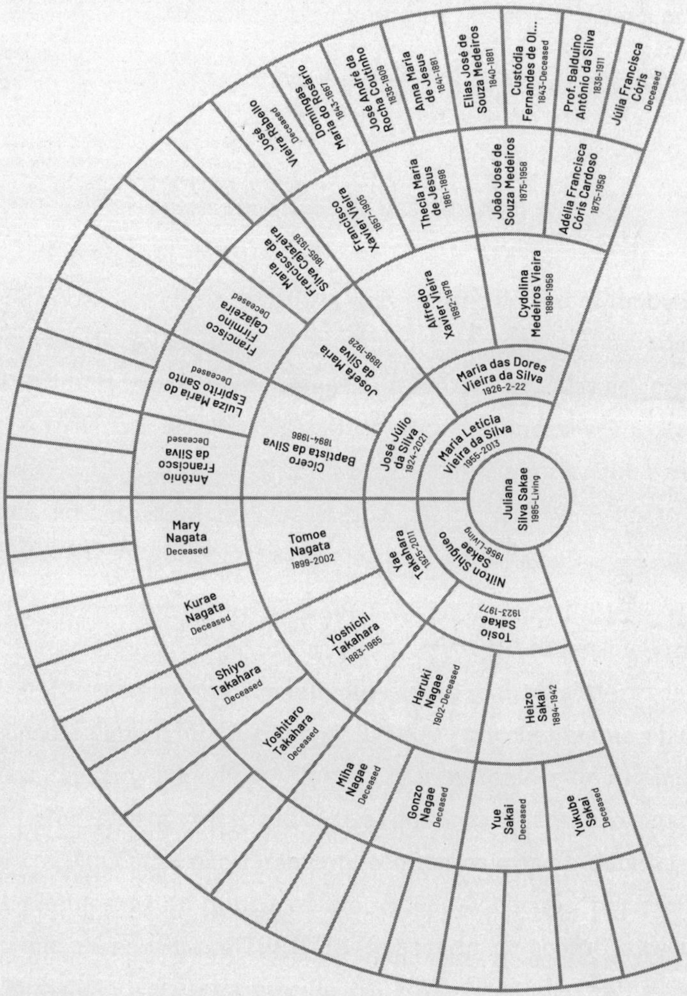

Infográfico 1: Árvore genealógica da autora em leque

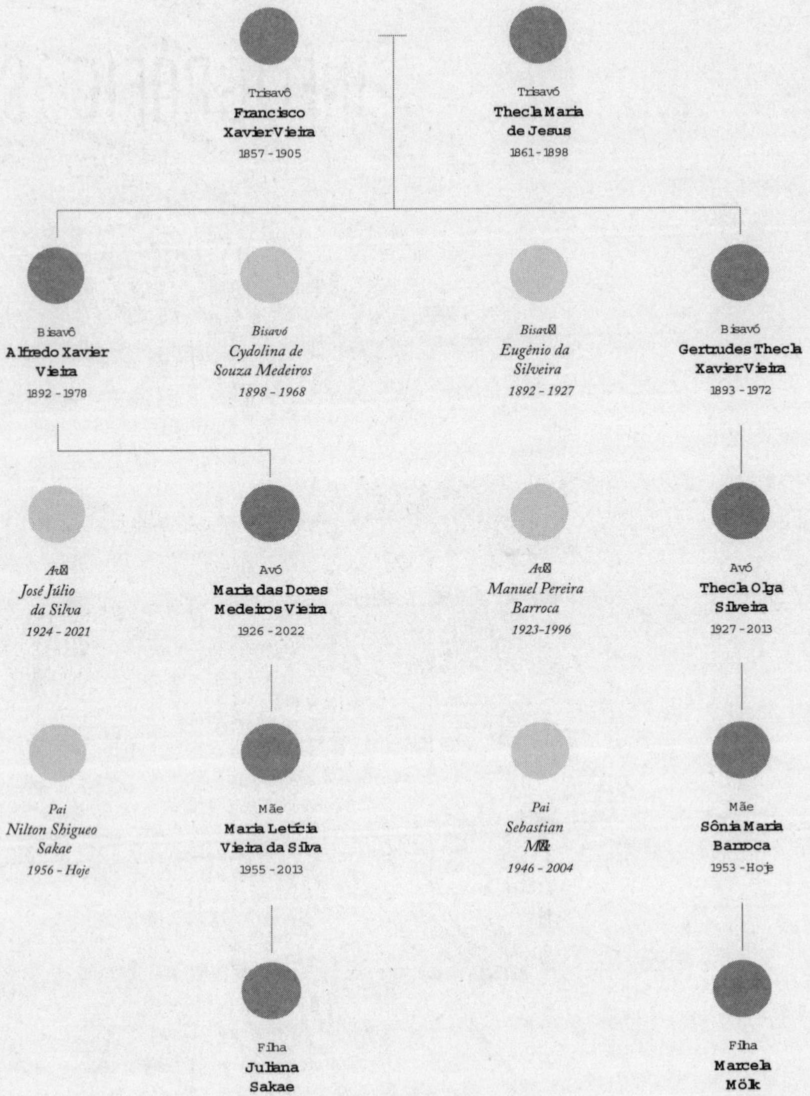

Infográfico 2: Relação entre a autora e Marcela

AGRADECIMENTOS

Este livro não teria sido possível sem a pesquisa inicial feita por minha mãe, Maria Letícia, por meu pai, Nilton Shigueo, e o apoio dos meus irmãos, Rodrigo, Maria Fernanda e Dudu, e meus primos Edu, Sílvia, Thiago, Tadeu, Diana, Rodrigo, Rafael, Nana, Lipe, Tuca, João, Rafa e Bê. Obrigada em especial a Gustavo e Ana Luísa que foram também assistentes de pesquisa.

Às minhas tias e tios, Orlando, Toshie, Helena, Roberto, Sérgio, César, Beth, Isabel, Henry, Bea, Álvaro, Tetê, em especial Vera e Nico, que me acolheram como sobrinha-filha; à prima caçula do Vôjúlio, Marta Helena; ao pesquisador genealógico Gonzalo e sua esposa, Marcela, também descendente de Anna Maria de Jesus. Aos irmãos da Vódorinha, em especial minha tia-avó Miriam e seu filho Diego; meus tios-avós e primos escritores que percorreram à frente minha caminhada; às primas de minha mãe, Henriqueta, que compartilhou comigo documentos genealógicos encontrados por seu pai, e queridas Teresinha e Lourdinha, pela troca durante a jornada.

Ao Rodrigo da Rocha Coutinho e meu tio-avô Paulo Leonardo, que confiaram a mim seus DNAs, parte essencial deste trabalho. Aos que tornaram possível a realização dos testes por meio de financiamento coletivo: Bea, Carla, Diego e Júlia, Isabel, Isadora, Lourdinha, Luisa, Rodrigo Augusto e Tetê.

À preparadora do livro, Carolina Moura, minha amiga e *midwife* de projetos criativos, que se dedicou com todo carinho ao nascimento deste livro.

Aos amigos que torceram por mim durante esta jornada, em especial, Beata Calińska, Camila Pinheiro, Tatiane Watanabe e Angie Humeres, companheiras de cura.

À ilustradora hanna barczyk por ter capturado a essência da história em traços lindos.

À notária Maria Amparo, pela paciência, e ao povo de Escada (PE) pelo acolhimento, em especial ao coveiro Pirulito, por ser guardião de um conhecimento precioso.

Aos pesquisadores Maria Adenir Peraro, Sarah Abel e Edson Silva, ao historiador do Arquivo Histórico de Joinville – SECULT.UPM.AHI Dilney Cunha e à bibliotecária Sueli M. V. Petry do Arquivo Histórico FCBlu, pela generosidade em compartilhar suas descobertas comigo.

Ao Eryk Rocha e à Gabriela Carneiro da Cunha, por terem me trazido para perto dos Yanomami.

À equipe da editora Ofício das Palavras, casa fundada por uma mãe e uma filha, berço perfeito para trazer este livro ao mundo. Ao Poroiwak e Daniel Galera, que trouxeram reflexões importantes que me permitiram reescrever com confiança. À conselheira literária Jaqueline Moura e seu time de leitores.

Aos voluntários da Biblioteca Family History (FHL) de Salt Lake City, do Museu da Imigração Japonesa, em especial o Sr. Matsuura, e do Museu de Imigração do Estado de São Paulo.

Aos mentores de workshops de escrita criativa da UCLA, em especial Sharon Bray, que me ensinou a escrever como forma de cura, e Kristin Loberg, que transformou o livro quando era ainda um embrião; e colegas, em especial Andria Wendell, Johanna Dyer e Anita Harrington.

Aos usuários do Reddit: Shinyeefi, Kschang, Agehaya, Wildrovings e DarwinianThunk.

A todas as curandeiras de alma que cruzaram meu caminho durante esta jornada: Beta de Oyá, Cíntia Jeronimo, Tatiane Guedes, Vitória Meira, Stephanie Riseley, Grasiana Candido, Monique Dasenbrock e Luna.

A todas as mulheres esquecidas por seus descendentes, em especial Anna Maria de Jesus, Josefa Maria da Silva e Domingas Maria do Rosário. Vocês pertencem.

BIBLIOGRAFIA

A construção histórica do termo caboclo, de Deborah de Magalhães Lima (Novos Cadernos NAEA vol. 2, n. 2 – dezembro de 1999).

Afrodescendência: uma história mal contada em Joinville, de Ludimila Castro (Revista Eletrônica Curso de Comunicação Social, Bom Jesus / Ielusc, 2009).

Aldeia de Escada: esbulhos de terras e resistência indígena em Pernambuco no século XIX, de Edson Silva (publicado em: Travessia – Revista do Centro de Estudos Migratórios, São Paulo, n. 24, 1996, p. 44-46).

Antigos engenhos de açúcar do Brasil, de Fernando Tasso Fragoso Pires (Editora Nova Fronteira, 1994).

Cem anos da imigração japonesa: história, memória e arte, de Francisco Hashimoto, Janete Leiko Tanno e Monica Setuyo Okamoto (Editora UNESP, 2008).

Centenário: contribuição da imigração japonesa para o Brasil moderno e multicultural, de Sedi Hirano (Paulo's Comunicação e Artes Gráficas, 2010).

Cuide dos pais antes que seja tarde, de Fabrício Carpinejar (Bertrand Brasil, 2018).

D. Cydolina, minha mãe, de Francisco Xavier Medeiros Vieira (Florianópolis, 1998).

Um defeito de cor, de Ana Maria Gonçalves (Editora Record, 2006).

Encontrando sentido: o sexto estágio do luto, ou Finding meaning: the sixth stage of grief, de David Kessler (Scribner Book Company, 2019).

Estações ferroviárias do Brasil, de Ralph Mennucci Giesbrecht (Disponível em: www.estacoesferroviarias.com.br).

Filhas sem mãe: o legado da perda, ou *Motherless daughters: the legacy of loss*, de Hope Eldeman (Da Capo Lifelong Books, 2014).

Grupo Escolar Balduíno Cardoso de Porto União-SC: apoteose do não apoteótico (1917-1938), de Valéria Aparecida Schena e Névio de Campos (Revista HISTEDBR On-line, n. 70, p. 246-270, dez. 2016).

Memórias, sonhos, reflexões, de Carl Jung (Nova Fronteira, 2021).

Mulheres que correm com os lobos, de Clarissa Pinkola Estés (Rocco, 2018).

Mulheres de Jesus no universo dos ilegítimos, de Maria Adenir Peraro (Diálogos, DHI/UEM, v. 4, n. 4:51-75, 2000).

Não começou com você, ou *It didn't start with you: how inherited family trauma shapes who we are and how to end the cycle*, de Mark Wolynn (Penguim Life, 2016).

"Nós não somos de origem": populares de ascendência açoriana e africana numa freguesia do sul do Brasil (1780-1960), de Sérgio Luiz Ferreira (UFSC, 2006).

O súdito: Banzai, Massateru! de Jorge J. Okubaro (Editora Terceiro Nome, 2008).

Pequeno histórico da imigração japonesa no Brasil: a reação no Brasil e os primeiros passos da imigração, de Iochihiko Kaneoya (Nipocultura, 2008).

Permanent markers: race, ancestry, and the body after the genome, de Sarah Abel (The University of North Carolina Press, 2010).

Preconceito linguístico, de Marcos Bagno (Parábola, 2015).

A Queda do Céu, de Davi Kopenawa e Bruce Albert (Companhia das Letras, 2015).

Recordações e sugestões, de Alfredo Xavier Vieira (Edição I.C.A.L., 1972).

Rui Barbosa e a queima dos arquivos, de Américo Jacobina Lacombe, Eduardo Silva e Francisco de Assis Barbosa (Casa de Rui Barbosa, 1988).

FILMOGRAFIA

Corações sujos. Direção: Vicente Amorim. Brasil: Downtown Filmes, 2011.

Haru e Natsu: as cartas que não chegaram. Japão: NHK, 2008.

SUGESTÕES DE LEITURA

amarela-manga: uma antologia nipo-poética, de Liana Nakamura (Corsália Estúdio, 2024).

Como perder a mãe: uma jornada pela rota atlântica da escravidão, de Saidyia Hartman (Bazar do Tempo, 2021).

Da Diáspora. Identidades e Mediações Culturais, de Stuart Hall (UFMG, 2011).

Enciclopédia Negra: Biografias afro-brasileiras, de Flávio dos Santos Gomes, Jaime Lauriano e Lilia Moritz Schwarcz (Companhia das Letras, 2021).

Ideias para adiar o fim do mundo, de Ailton Krenak (Companhia das Letras, 2020).

Interseccionalidade, de Carla Akotirene (Pólen, 2019).

Lugar de Fala, de Djamila Ribeiro (Pólen, 2019).

As mentiras que unem: repensando a identidade ou The lies that bind: rethinking identity, de Kwame Anthony Appiah (Liveright, 2018).

O pacto da branquitude, de Cida Bento (Companhia das Letras, 2022).

Pequeno manual antirracista, de Djamila Ribeiro (Companhia das Letras, 2019).

O perigo de uma história única, de Chimamanda Ngozi Adichi (Companhia das Letras, 2019).

Por um feminismo afro-latino-americano, de Lélia Gonzalez (Zahar, 2020).

Por que eu não converso mais com pessoas brancas sobre raça, de Reni Eddo-Lodge (Editora Letramento, 2020).

Quarto de Despejo, de Carolina Maria de Jesus (Ática, 2011).

Racismo Estrutural, de Silvio de Almeida (Pólen, 2019).

Racismo Recreativo, de Adilson Moreira (Pólen, 2019).

Sob o sol a pino, de Ana Shitara (Patuá, 2023).

Sorrisos Amarelos: Histórias de jovens mulheres orientais no Brasil, de Marina Yukawa (Viseu, 2019).

Vivências asiático-brasileiras: raça, identidade e gênero, de Juily Manghirmalani (Mandaçaia, 2023).

Vozes Amarelas, de Monge Han (HarperCollins, 2023).

APÊNDICE: COMO MONTAR SUA ÁRVORE GENEALÓGICA

A seguir, para efeitos didáticos, listo o passo a passo que costumo ensinar às pessoas interessadas em montar uma árvore genealógica. Este não é o processo que tracei, mas o que gostaria de ter feito. Se pudesse voltar atrás, teria dito a mim mesma para seguir estas três regras: *anotar* as informações repassadas oralmente, *fotografar* os documentos que parentes, eventualmente, mostrarem e *aceitar* que uma pesquisa genealógica não é linear.

É como um labirinto cheio de caminhos sem saída. Você vai até onde é possível, encontra obstáculos e não consegue atravessá-los por meses. Daí, um dia, uma tia-avó, um primo de terceiro grau, ou mesmo seus pais vão encontrar uma carteira de identidade, uma certidão de óbito, ou vão ter voltado de férias e dito que conversaram com fulano ou beltrano, e o caminho que antes parecia sem saída se abre.

Quando isso acontecer, é provável que metade da pesquisa tenha sido esquecida, pois temos oito bisavós, dezesseis trisavós e 32 tetravós. É impossível lembrar os detalhes de cada antepassado. Por isso, é de suma importância manter as anotações, sejam físicas ou virtuais, para registrar tudo o que já foi descoberto.

Não foi o que fiz e errei. Não me preocupava em preservar os achados, apenas em celebrar o que havia descoberto. As memórias, porém, mesmo depois de resgatadas, podem mais uma vez desaparecer. Aqueles que, como eu, assumem a tarefa de desvendar as árvores genealógicas têm por obrigação pensar em como essas informações podem sobreviver para além de nós mesmos.

Passo 1.

Desenhe sua árvore baseada na memória dos seus parentes

Comece pelo mais importante, mas nem sempre fidedigno: a história oral, repassada de mãe para filho, de irmão para irmão, de tio para sobrinho. Ela é, em muitas culturas, o principal e mais sagrado instrumento de preservação da história.

As árvores nascem, geralmente, em um pedaço de papel. Os galhos crescem com informações fornecidas por parentes, com nomes e datas por vezes incorretos. Quando comecei, incluí, sem piedade, adjetivos como: "caloteiro", o "bebum", o "taradinho", até descobrir suas verdadeiras identidades, que não serão citadas, pois uma jornalista nunca revela suas fontes.

Por sorte, tenho um tio-avô e dois primos de segundo grau que organizaram parte de minha árvore genealógica em contos: *Medeiros*, de Armando Luiz Medeiros; *João José de Souza Medeiros*, de Cássio Medeiros; e *D. Cydolina*, *Minha Mãe*, de Francisco Xavier Medeiros Vieira. Enquanto lia, adicionava galhos à árvore.

Quando o projeto se tornar complexo, um site de árvore genealógica ajuda a organizar os dados e permite cruzar informações adicionadas colaborativamente na base de dados. Essa etapa, ainda inicial, pode se tornar bastante prolixa, já que uma mesma família guarda diferentes versões de um fato. Além disso, é comum encontrar erros inseridos por pessoas que acabaram de começar a pesquisar e ainda não possuem em mãos os documentos que provem a validade da informação.

Pelo mesmo motivo, toda vez que um dado for adicionado ou modificado, existe uma etiqueta entre pesquisadores de adicionar comentários que justifiquem a veracidade daquela informação. Por exemplo: "A data de óbito foi dada a mim pela neta de Maria Francisca Cajazeira, Marta Helena, pois a informação foi dada por seu pai, que morou com Maria Francisca até o dia de sua morte". Quando a árvore tiver mais de cem pessoas, será difícil lembrar de detalhes como este. Quando duas informações entram em choque – situação bastante comum –, comentários como este ajudam a esclarecer possíveis dúvidas.

Passo 2.

Peça a familiares certidões de nascimento, batismo, casamento e óbito

Depois de exaurir a história oral, busque certidões de batismo, de nascimento, de casamento e de óbito. Confirme grafias, adicione datas, cruze informações. É importante fotografar todas as certidões e armazená-las de maneira organizada, já que inúmeras vezes precisamos reconfirmar dados no caminho. É bastante comum que parentes distantes tenham herdado informações diferentes, quando não contraditórias, sobre uma mesma pessoa.

Note que, mesmo com informações que parecem precisas em mãos, é possível encontrar documentos com erros, sobretudo em certidões de óbito. Isso porque geralmente quem registra a morte de uma pessoa não é alguém imediatamente ligado ao falecido, já que a família, em geral, está envolvida com o funeral. Por exemplo, a de minha mãe, Maria Letícia, relata a minha idade e as de meus irmãos incorretamente. Por consequência, não raramente cemitérios exibem datas errôneas nos túmulos. O de minha trisavó, Adélia Medeiros, por exemplo, afirma que ela nasceu em 19/03/1876, quando, de acordo com a certidão de batismo, ela teria nascido em 1875. Segundo minha tia-avó Míriam, isso é mais comum do que pensamos. Ela é advogada e já precisou pedir correção de algumas sepulturas de familiares de clientes.

As certidões de casamento são as melhores fontes de referência genealógica, pois, além do nome dos pais dos noivos, ela pode conter também o dos avós maternos e paternos. Imagine, então, encontrar a certidão de casamento de sua trisavó e, junto dela, descobrir quem são seus tetra e pentavós.

A minha missão movimentou a família. A prima mais nova do Vôjúlio, Marta Helena, me deu de presente a árvore genealógica da minha bisavó biológica, a Bisavójosefa, falecida quando meu avô tinha quatro anos. A prima de minha mãe, Henriqueta, me enviou a cópia da certidão de casamento de nossos trisavós. Minha prima de segundo grau, Lourdinha, me enviou as cartas trocadas por sua mãe, minha querida tia-avó Adélia, com Vódorinha. O primo, também de segundo grau, Diego, compartilhou comigo o resultado do teste de DNA de toda a sua família. André, um primo tão distante que nem sei qual o grau de parentesco — ele é bisneto de Plácido, irmão do Bisavôalfredo —, me enviou artigos de jornais que mostravam nossas origens como educadores. Teresinha, geneticista e prima de minha mãe, me colocou em contato com o time de pesquisadores do projeto Candela, que citei no Capítulo 6.

Passo 3.
Preencha as lacunas. Descubra o cartório em que seus avós e bisavós foram registrados e retire a segunda via da certidão de nascimento, casamento ou óbito

Se não existem documentos de um avô ou bisavô, vale a pena descobrir em qual cartório ele foi registrado e retirar a segunda via, o que hoje é possível fazer online ao pagar uma taxa. Porém, como é preciso saber a data exata e nomes completos da certidão em questão, nem sempre é um caminho possível. No caso da mãe de Vôjúlio, eu não sabia nem em qual dos cartórios ela havia sido registrada. Sabia apenas que ela havia nascido no município de Escada, em Pernambuco. Nesses casos, é preciso ir pessoalmente aos cartórios e contar com a sorte.

Não preciso dizer que não é obrigação do atendente buscar registros da sua avó, página por página, em livros empoeirados. É preciso estar disposto a aguardar e explicar para o notário o quão importante é encontrar tais documentos.

Passo 4.
Busque certidões nas paróquias brasileiras ou peça ajuda aos mórmons

No Brasil, até a Proclamação da República em 1889, quando os cartórios de registro civil foram criados, os nascimentos, casamentos e óbitos eram feitos nas igrejas. Por esse motivo, não é possível encontrar em cartórios registros de eventos do século retrasado.

É aqui que entra a instituição Igreja de Jesus Cristo dos Santos dos Últimos Dias, ou os mórmons. A base de dados *FamilySearch* possuía, no fim de 2023, 12.9 bilhões de nomes "pesquisáveis" em registros genealógicos. Foi onde encontrei a fotografia de um pedaço de papel com o nome de minha tetravó, Anna Maria de Jesus — papel este que estava guardado dentro de uma igrejinha em Araquari, norte de Santa Catarina. Algum voluntário deve ter ido até a cidade, passado horas, dias ou até semanas debruçado sobre certidões amareladas, fotografando uma a uma.

Hoje, parte desse banco de dados está indexado, o que significa que algum outro voluntário transcreveu a caligrafia antiga cheia de borrões e inseriu tais metadados na enciclopédia digital. Essa é a definição de uma imagem "pesquisável": quando é possível encontrar o texto contido em uma imagem usando a barra de pesquisa.

Mesmo os documento indexados são passíveis de erros: nomes registrados e/ou indexados com grafias diferentes (encontrei minha pentavó Euflávia com grafias como Euphabia, Euflábia, Euflebia) e homônimos (minha bisavó Josefa Maria tem o nome mais comum do Nordeste do começo do século passado). Para os não-indexados, é preciso folhear (digitalmente) as coleções e buscar com paciência. Acho essa a forma mais divertida.

Funciona assim: as igrejas registravam cada batismo, casamento e óbito em livros separados por evento e ano. Os registros eram escritos à mão, um abaixo do outro — ou seja, em uma página pode haver um, dois, três e até quatro registros diferentes. Dependendo do ano, o livro pode ser mais grosso ou mais fino, e às vezes é preciso abrir mais de um livro para o mesmo ano. Hoje as certidões são como um formulário, com espaços em brancos para serem preenchidos, mas antigamente eram escritas como um parágrafo por extenso que contava todo o ocorrido. Por exemplo, esta é a transcrição do registro de casamento de meus trisavós João José de Souza Medeiros e Adélia Francisca Córis Cardoso:

> A sete de março de mil oitocentos e noventa e um, na Igreja Matriz da *Freguezia* de Nossa Senhora do Desterro, Estado de Santa Catharina, Bispado de Rio de Janeiro, (feitas?) cinco horas da tarde, em minha presença e das testemunhas abaixo assinadas comparecidos (?) João *Joze* de Souza Medeiros e *Adelia* Francisca Córis Cardoso, os quais (?) serem os *proprios*, com todos os(?) do (?) correntes e sem impedimento algum para o casamento, *elle* solteiro, militar, de vinte e dois *annos,* filho legitimo de Elias *Joze* de Souza Medeiros e Custódia Fernandes de Oliveira, natural e *baptisado* na Freguesia de Santo *Antonio* dos Anjos, Cidade da Laguna, Santa Catharina, e *ella* solteira de dez e oito *annos*, filha legitima de Balduino Antonio da Silva Cardoso e Julia Francisca Córis Cardoso, natural, *baptisada* e ambos residentes n'esta cidade, os *quães* nubentes se receberá

por marido e mulher e os uni em Matrimonio, (?) em todo este *acto* conforme o Rito da Santa Madre Igreja *Catholica Apostolica* Romana. Não receberão as Benções Nupciais. E para constar fiz este termo que depois de lido perante os *conjuges* e as testemunhas assigno.

O processo quase manual de localizar registros não-indexados aprendi com os voluntários da biblioteca mórmon de Salt Lake City: o primeiro passo é entrar na seção "Pesquisa Wiki," que fica dentro do site *FamilySearch*, onde os catálogos do mundo todo estão organizados. Eu sabia que José e Adélia haviam se casado em Florianópolis e que haviam tido sua primeira filha em 1892. Selecionei América do Sul para encontrar o banco de dados que eu procurava: "Brasil, Santa Catarina, Registros da Igreja Católica, 1714-1977". Selecionei a opção "Ver todas as imagens", já que uma busca por palavras-chave não me trouxe resultado.

A base de dados é organizada por cidades que, por sua vez, são subdivididas em paróquias. Florianópolis, por exemplo, possui dez paróquias: Canasvieiras, Curato de Massaranduba, Curato de Teresópolis, Lagoa da Conceição, Nossa Senhora do Desterro, Puríssimo Coração de Maria, Ribeirão da Ilha, Rio Vermelho, Santíssima Trindade e Santo Antônio de Lisboa. Escolhi começar minha pesquisa pela Nossa Senhora do Desterro, a principal da cidade. Dentro dela, há 119 livros. Decidi começar pelo livro "Matrimônios 1890, Maio-1893, Jun" que ficava entre "Matrimônios 1887, Set-1890, Abr" e "Matrimônios 1893, Jun-1895, Maio".

Ao abrir o livro digitalizado em sua frente, você consegue ver até a envergadura da página. É emocionante. Como os registros estão em ordem cronológica, é possível "folhear" o livro até encontrar uma data próxima à que você procura e, então, caçar o evento em questão até encontrá-lo.

Passo 5.

Visite Museus de Imigração, da Justiça e Arquivos Históricos

Existem inúmeros documentos considerados genealógicos para além das certidões. Registros oficiais que contenham datas, nomes e parentesco são achados importantes para quem busca restaurar a árvore da família. Alguns exemplos: testamentos; processos judiciais, como ações de divórcio e ações de libertação de pessoas escravizadas; registros alfandegários, como visto, passaporte, registro de entrada e saída de um país, lista de passageiro de navios ou trens imigratórios; registro de famílias em hospedarias de imigrantes; lista de empregados de fazendas de café; registros militares, como certificado de reservista; artigos de jornais etc.

O Museu de Imigração do Estado de São Paulo, no bairro da Mooca, inaugurado em 1887, não à toa logo antes da abolição da escravidão, recebeu 2,5 milhões de pessoas de mais de setenta nacionalidades em seus 91 anos de funcionamento. As informações contidas nos livros de registro dos hóspedes, que chegavam pelo Porto de Santos e ficavam ali antes de partir para uma das muitas fazendas de café no interior de São Paulo, estão disponíveis para pesquisa. Foi lá que encontrei os nomes dos meus quatro bisavós japoneses e pude traçar os passos iniciais que eles deram após o desembarque em Santos.

Não tão distante dali, no bairro da Liberdade, fica o Museu de Imigração Japonesa, com um acervo importante das listas de passageiros dos navios que chegavam do Japão. Foi ali que peguei (com luvas) os livros conservados por mais de cem anos.

Em Santa Catarina, no Arquivo Histórico de Joinville, na avenida Hermann August Lepper, encontrei, entre muitos documentos, o inventário do marido de Getrudes Thecla Xavier da Silveira, que citava minha trisavó Thecla Maria de Jesus. Também encontrei um mapa antigo da região de Corveta, onde minha trisavó teria nascido, e recortes de jornais sobre a escravidão na cidade.

Foi por meio de um professor de história, Rafael José Nogueira, que conheci o Museu do Judiciário Catarinense, que fica no Tribunal de Justiça em Florianópolis. Rafael soube da minha pesquisa pelo *FamilySearch* e assim me escreveu:

Uma das fontes para saber se Francisco e Thecla são filhos dos donos de suas mães são os possíveis testamentos que José Rocha Coutinho e José Vieira Rabello podem ter feito antes de morrer. Era comum na região os senhores de escravos deixarem no testamento bens para seus filhos naturais com suas escravas. Um exemplo é Ponciano Lemos, que era morador também de Araquari assim como os casos que você pesquisa. Antes de morrer, ele fez seu testamento e declarou apenas uma filha legítima com sua esposa, e de fato oficialmente só teve uma filha. Porém, ao longo do testamento ele cita outros três indivíduos: a liberta Balduína, nascida em 1868, antes da Lei do Ventre Livre, a Ingenua Anna, nascida em 1873 e beneficiada pela Lei do Ventre Livre, e mais um nome que não me recordo. Para esses, ele deixou muitos bens, superiores aos deixados para a filha oficial e deixou indícios fortes dizendo: "Atendendo aos relevantes serviços, carinhos, amor, respeito com que sempre me trataram". Acabei descobrindo que Balduína, de fato, era filha dele, pois consta no casamento dela ser filha natural de Ponciano. Os outros dois casos ainda não tive a prova, mas não seria absurdo hipotecar que também são filhos deles.

O professor, então, me orientou a procurar o tal museu. Foi lá que ele conseguiu o testamento de Ponciano Lemos.

Passo 6.

Procure artigos de jornais antigos

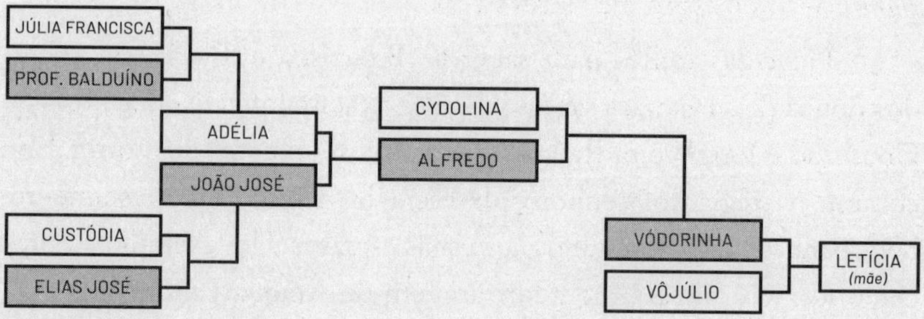

Foi em uma pesquisa no Arquivos do Google Notícias (Google News Archive), plataforma parcialmente extinta, que acabei encontrando alguns jornais citando meu tetravô, Elias José de Souza Medeiros, morador de Laguna na época da Revolução Farroupilha. No jornal *A Regeneração*, de 4 de agosto de 1874, encontrei numa coluna longa um agradecimento ao médico Pedro G. de Argollo Ferrão, que teria vindo de Florianópolis, então chamada de Nossa Senhora do Desterro, para combater a epidemia da varíola. Assinado por 69 moradores de Laguna, entre eles Elias, o artigo dizia:

> Os abaixo *assignados* são testemunhas oculares das *scenas* de consternação, produzidas pela terrível epidemia da varíola, que assola há cinco *mezes* esta população, fazendo uma mortalidade como até hoje nunca foi vista neste lugar. Hoje era o filho pranteando a morte de *seos* pais; amanhã a viúva que trajava o crepe pelo esposo que perdera, mais logo, a mãe desolada que beijava o cadáver do filhinho querido! A morte parecia insaciável, e o luto cobria já muitas famílias! O povo em desânimo sentia-se tomado de pavor ante tantas *scenas luctuosas*! Foi nesta terrível conjuntura, Ilmo Sr., que foi V. S. designado para

vir prestar aos infelizes atacados do mal, os valiosíssimos serviços de sua humanitária profissão.

Ao lado de tal artigo, um pequeno anúncio colocava Laguna em perspectiva:

> Vende-se um escravo de nome Pedro, africano, trabalhador da roça. Para vê-lo na cadeia desta cidade e a tratar na Rua do Livramento n. 12.

O filho de Elias José, João José de Souza Medeiros (meu trisavô), foi farmacêutico e jornalista. Encontrei a capa do jornal *A Cidade de Ytu*, de 19 de setembro de 1897, com letras garrafais, logo acima do nome dele: "*Redactor* João José de Souza Medeiros". Entre notícias, poesias e contos, o anúncio:

> Liquidação final de todos os gêneros e artigos existentes no Grande Armazém do Coimbra. Só não sairá com mercadorias quem não entrar com dinheiro, não precisar delas, não tiver crédito ou então só se for muito cara dura.

Como ávida jornalista, devorei as páginas amareladas com satisfação. Sorri com os capítulos III e IV do folhetim, cuja autoria não era legível. Seria João o autor daquele texto que parecia saído de uma coleção de livros eróticos?

> Eu estava no jardim com a viúva e filha de meu falecido e saudoso amigo: aquela lembrando-se não sei de que, que o diabo talvez lhe fizera esquecer para em liberdade de dar começo às suas negras obras, entrara na casa; eu fiquei a sós com esta. A noite havia já completamente estendido sobre a terra seu denso véu, e com realçante brilho se ostentavam as estrelas. Insensivelmente volvi os olhos para o firmamento e encarei a brilhante Antares: pareceu-me n'ella ver brilhar os olhos de minha amada, d'esse anjo que eu adorava e não ousava confessar, e assim como ela é representada sobre o coração

do Scorpião, eu senti n'aquelle instante sobre o meu um fogo abrazador—lavas mornes: era o amor em elevado grau. Então um pensamento apoderou-se de meu espírito, assenhoreando-se de minha razão: um pensamento ardente, porém puro. Tomei a mão da moça: ela estremeceu como se tivesse tocado em uma serpente. Seria o choque de idênticos pensamentos?... Meus lábios tremeram e murmuraram baixinho, como se as violetas que nos cercavam fossem curiosas e indiscretas testemunhas.

—Paulina... sabes que eu te adoro?...

Ela emudeceu e deixou cair sua pudibunda fronte sobre o peito arquejante e suas faces incendiadas pelo pejo queimaram as minhas.

Ao pé da página, uma charada que até hoje não consegui desvendar, chamada Salto de Cavalo. Dizia: "ofereço ao primeiro decifrador um bom romance, que será entregue pela redação da *Cidade de Ytu*".

VER	RA	DA	MAI	MO	HA
SEU	É	DE	LHO	NES	ZA
VI	MI	DEI	NÃO	TÃO	DA
QUAN	COM	TE	CO	DO	MA
A	U	FL	DE	BOM	A
NA	DA	PA	RO	ES	TA

Senti saudades de um tempo que não vivi: das leituras de jornal de papel sem pressa.

Em 2011, o Google cancelou o projeto de digitalização de coleções de jornais antigos, desativou a ferramenta de busca voltada, de forma exclusiva, para o acervo dos documentos já digitalizados, e passou a direcionar os usuários para o Google Notícias. Ainda é possível fazer buscas no acervo, mas é muito mais difícil de encontrar artigos da maneira que encontrei.

Às vezes, é possível encontrar artigos em jornais recentes, indexados pelos robôs do Google. Em uma busca simples, encontrei uma reportagem publicada no jornal Notícias do Dia, de Joinville, em setembro de 2013, sobre o irmão de Alfredo e tio de Vódorinha: "Plácido Xavier Vieira, o menino órfão que virou nome de escola em Joinville". No mesmo dia, encontrei um artigo que mencionava um outro bisavô de Vódorinha, o também professor Balduíno Antônio da Silva Cardoso, publicado na revista HISTEDBR da universidade Unicamp: "Grupo Escolar Balduíno Cardoso De Porto União-SC: Apoteose Do Não Apoteótico (1917-1938)".

Passo 7.

Faça um teste de DNA

Não é à toa que tenha listado o teste de DNA como último passo. Para aqueles que tenham como propósito principal construir uma árvore genealógica, o teste de DNA não deve ser fonte principal de pesquisa, mas sim elemento complementar.

"Não é tabu voltar para trás e recuperar o que esqueceu (perdeu)"